मन की उलझनें कैसे सुलझाएँ

मन की तमाम उलझनों को सुलझाकर जीवन का कायाकल्प कर देने वाली पुस्तक।

I0242855

मन बड़ा जटिल होता है। इसमें ढेरों उलझनें रहती हैं। यदि व्यक्ति इनके मकड़जाल में उलझ गया, तो उसका जीवन दूभर हो जाता है।

मन के सभी कोनों से एक-एक उलझन को तलाश करके बाहर निकालना बहुत ही जरूरी है, ताकि आपका जीवन सहज, सरल और पारदर्शी बन सके।

मन को इस तरह से स्वस्थ बनायेंगे, तो हर दशा में आप शुश और जिन्दादिल बने रहेंगे।

तब आपको प्रगति के रास्तों पर बढ़ने से कोई नहीं रोक सकेगा।

आइए, इस पुस्तक में बताये व्यावहारिक उपाय अपनायें और जीवन को सार्थक बनाये।

आत्म-विकास की सर्वश्रेष्ठ पुस्तकें

हाँ, तुम एक विजेता हो!	60.00
जीवन में सफल होने के उपाय	68.00
भयमुक्त कैसे हों	72.00
धैर्य एवं सहनशीलता	96.00
व्यवहार कुशलता	60.00
निराशा छोड़ो सुख से जिओ	60.00
खुशहाल जीवन जीने के व्यावहारिक उपाय	96.00
साहस और आत्मविश्वास	60.00
सार्थक जीवन जीने की कला	96.00
मानसिक शान्ति के रहस्य	80.00
सफल वक्ता एवं वाक् प्रवीण कैसे बनें	96.00
खुशी के सात कदम	88.00
आत्म-सम्मान क्यों और कैसे बढ़ाएँ	96.00

वी एण्ड एस पब्लिशर्स की पुस्तकें

देश-भर के रेलवे, रोडवेज़ तथा अन्य प्रमुख बुक स्टॉलों पर उपलब्ध हैं। अपनी मनपसन्द पुस्तकों की माँग किसी भी नजदीकी बुक स्टॉल से करें। यदि न मिलें, तो हमें पत्र लिखें। हम आपको तुरन्त भेज देंगे। इन पुस्तकों की निरन्तर जानकारी पाने के लिए विस्तृत सूची-पत्र मँगवाएँ या हमारी वेबसाइट देखें -

www.vspublishers.com

मन की उलझनें कैसे सुलझाएँ

डॉ. राम गोपाल शर्मा

वी एण्ड एस पब्लिशर्स

प्रकाशक

FA2/16, अंसारी रोड, दरियागंज, नयी दिल्ली-110002
23240026, 23240027 • फैक्स: 011A23240028
EAmail: info@vspublishers.com • *Website:* www.vspublishers.com

क्षेत्रीय कार्यालय : हैदराबाद
5-1-707/1, ब्रिज भवन (सेन्ट्रल बैंक ऑफ इण्डिया लेन के पास)
बैंक स्ट्रीट, कोटी, हैदराबाद-500 095
040-24737290
E-mail: vspublishershyd@gmail.com

शाखा : मुम्बई
जयवंत इंडस्ट्रिअल इस्टेट, 2nd फ्लोर - 222,
तारदेव रोड अपोजिट सोबो सेन्ट्रल मॉल, मुम्बई - 400 043
022-23510736
E-mail: vspublishersmum@gmail.com

फ़ॉलो करें:

हमारी सभी पुस्तकें **www.vspublishers.com** पर उपलब्ध हैं

© **कॉपीराइट:** वी एण्ड एस *पब्लिशर्स*
ISBN 978-93-814486-8-7
संस्करण: 2015

भारतीय कॉपीराइट एक्ट के अन्तर्गत इस पुस्तक के तथा इसमें समाहित सारी सामग्री (रेखा व छायाचित्रों सहित) के सर्वाधिकार प्रकाशक के पास सुरक्षित हैं। इसलिए कोई भी सज्जन इस पुस्तक का नाम, टाइटल डिजाइन, अन्दर का मैटर व चित्र आदि आंशिक या पूर्ण रूप से तोड़-मरोड़ कर एवं किसी भी भाषा में छापने व प्रकाशित करने का साहस न करें, अन्यथा कानूनी तौर पर वे हर्जे-खर्चे व हानि के जिम्मेदार होंगे।

मुद्रक: परम ऑफसेटर्स, ओखला, नयी दिल्ली-110020

किन-किन से बचें

- भय के भूत को मार भगाइए
- तृष्णाओं के मकड़जाल से बचें
- अहंकार : विनाश का बीज
- क्रोध : नाश की निशानी
- आलस्य सफलता का शत्रु है
- निराशा : पराजय का संकेत
- स्वास्थ्य के लिए घातक है अंतर्द्वंद्व
- भावुकता : भटकन का आरंभ

1

भय के भूत को मार भगाइए

- भय ही पतन और पाप का निश्चित कारण है।
  —स्वामी विवेकानन्द
- जिस मनुष्य को अपने मनुष्यत्व का भान है, उसे ईश्वर के सिवा और किसी से भय नहीं रहता।
  —महात्मा गांधी
- भय दूरदर्शिता की जननी है।
  —एच. टेलर
- मूर्ख मनुष्य भय से पहले ही डर जाता है, कायर भय के समय ही डरता है और साहसी भय के बाद डरता है।
  —शिशिर

एक पुरानी लोक कथा है। एक बार एक गांव में महामारी फैली, परिवार के सदस्य एक-एक करके मौत के शिकार हो गए। एक नासमझ बच्चा बचा। दुर्भाग्य के मारे इस अनाथ बालक ने घर से भाग कर दूसरे गांव में शरण ली। वह एक खंडहरनुमा खाली मकान में पहुंचा। भूखा-प्यासा थका हुआ बालक उस खंडहर में सो गया। रात को एक भयावह आवाज को सुनकर उसकी नींद टूटी, देखा तो सामने एक भयानक भूत खड़ा है। बच्चा डरा, लेकिन कोई और उपाय न देखकर उसने भूत की खुशामद की और अपनी परेशानी बताई। भूत को दया आ गई, उसने बच्चे के खाने-पीने की व्यवस्था की और फिर उसे सोने की आज्ञा दे दी। भूत रोज रात को आता और बच्चे को अपने कारनामों की डरावनी कहानियां सुनाता, लेकिन बच्चे की विनम्रता और सेवा से वह इतना प्रभावित था कि बच्चे को तंग नहीं करता। बच्चा तो बच्चा ठहरा, वह भयानक भूत से डरता रहता।

एक दिन बच्चे ने भूत से पूछा कि आप दिन में कहां जाते हैं। भूत ने बताया कि वह यमराज के आदेश पर लोगों को मारने का कार्य करता है। बच्चे ने विनती की कि कल यमराज से यह पूछकर आना कि मेरी आयु कितनी है। भूत ने दूसरे दिन लौट कर बच्चे को उसकी आयु बता दी। बच्चे ने फिर विनती की कि मेरी आयु को या तो एक दिन बढ़वा दो या एक दिन कम करवा दो। दूसरे दिन लौट कर भूत ने बताया कि निर्धारित आयु में से न तो एक दिन कम हो सकता है और न एक दिन बढ़ सकता है। बच्चे ने तुरंत फैसला लिया कि जब आयु कम या अधिक हो ही नहीं सकती, तो फिर मुझे कौन मार सकता है और जब कोई मुझे मार ही नहीं सकता, तो मैं भूत से डरूं ही क्यों ? बच्चे ने झट से आग में जलती लकड़ी को उठाया और टूट पड़ा भूत के ऊपर। भूत बेचारा क्या करता, बिना मौत के आए बच्चे को मार भी कैसे सकता था ? अब बच्चे के साहस के सामने भाग जाने के अलावा भूत के पास और रास्ता ही क्या था ? भूत उस घर को छोड़ कर भाग खड़ा हुआ और लड़का पूरे साहस और मस्ती के साथ उस पुरानी हवेली में मालिक की तरह रहने लगा।

लोक कथा कितनी प्रामाणिक है, यह तो कहना मुश्किल है। लेकिन यह बात पूरी तरह सही है कि यदि एक बार मन में दृढ़ निश्चय, आत्म-विश्वास और साहस जाग जाए, तो एक छोटा-सा बच्चा भी भयानक भूत को मार भगा सकता है। भय का भूत दरअसल तभी तक डराता है, जब तक मन में साहस नहीं जागता। जिस दिन मन में आत्म-विश्वास और साहस जाग जाता है, फिर न कोई भूत रहता है, न भय।

भय और साहस कोई ऐसी वस्तु नहीं हैं, जो बाहर से खरीदकर लानी पड़ती हैं। ये तो मन की विशेष अवस्थाएं हैं, जो हमारे मन में स्वाभाविक रूप से रहती हैं। आवश्यकता है तो बस इन्हें जगाने की। जिस दिन एक अवस्था जाग जाती है, दूसरी शक्तिहीन होकर रह जाती है। भय जाग जाता है, तो साहस शक्तिहीन हो जाता है और जब साहस जाग जाता है, तो भय निर्मूल होकर रह जाता है। यह हमारे ऊपर निर्भर करता है कि हम मन की किस अवस्था को जगाते हैं। भय को या साहस को !

दुःख और दुर्भाग्य की बात यह है कि आज अधिकांश व्यक्ति भय और असुरक्षा के नकारात्मक भावों से भरे हुए हैं और वह भी बिलकुल काल्पनिक भय और काल्पनिक असुरक्षा की भावना से। लोग तरह-तरह के डर पाले घूम रहे हैं। किसी को रोजगार छिन जाने का भय है, तो किसी को रोटी न कमा पाने की चिंता। किसी को व्यापार में घाटा हो जाने का भय है, तो किसी को

प्रतिष्ठा समाप्त हो जाने का भय। कोई पैसा न होने से भयभीत है, तो किसी को पास रखे पैसे के लुट जाने का भय। कमाल तो यह है कि हमारे पास जो कुछ है, उसे प्राप्त कर लेने या उसके होने की हमें खुशी नहीं, उसके कल न रहने का भय अधिक है।

यही कारण है कि आदमी उपलब्धियों की वास्तविक खुशी से उतना संतुष्ट नहीं जितना उपलब्धियों के खो जाने के काल्पनिक भय से दुखी है, चिंतित है। उसकी ऊर्जा खुश होने में नहीं, शोक मनाने और दुखी होने में नष्ट हो रही है। उसके चेहरे पर चमक आने से पहले शिकन में बदल जाती है। वह खुशी से चहकने की बजाय दुःख से चीत्कार करने लगता है।

दुःख, चिंता, भय और असुरक्षा की यह भावना ही आज चारों ओर होड़ और आपाधापी के रूप में खुलकर दिखाई दे रही है। करोड़ों की संपत्ति का स्वामी एक आदमी, उस सम्पत्ति को खुशी से खर्च करने की बजाय और अधिक संपत्ति जुटाने की होड़ में जुटा हुआ है। आवश्यकता न होते हुए भी वह चोरी करता है, झूठ बोलता है, लोगों का गला काटता है, धोखा देता है, हर कीमत पर और अधिक, और अधिक धन-सम्पत्ति प्राप्त कर लेना चाहता है। उसे नहीं मालूम कि उसके पास कितनी सम्पत्ति है, लेकिन फिर भी और अधिक सम्पत्ति की चाह में बेचैन है, परेशान है।

वस्तुतः यह लोभ का एक विकृत रूप है। यह भय और असुरक्षा का नंगा नाच है। यह विश्वास हीनता की पराकाष्ठा है। जिस वस्तु के प्रति मन में लोभ होता है, व्यक्ति सदैव उसे पाने से अधिक उसके खोने के भय से आक्रान्त रहता है। लोभी व्यक्ति जब भी घर से बाहर निकलता है, उसे सिर्फ एक चिन्ता दुखी करती है कि कहीं उसके द्वारा छिपाकर रखे गए धन का किसी को पता नहीं चल जाए। कहीं कोई उसकी संपत्ति को चुरा कर न ले जाए। यह आशंका मन को इतना घेर लेती है कि लोभी व्यक्ति न दिन में सुख से रह पाता है, न रात में चैन से सो पाता है। उसकी सारी भावनाओं का केंद्र धन की सुरक्षा के प्रति उसका भय बन जाता है। वह अपनी संपत्ति को ऐसे स्थान पर छिपा देना चाहता है, जहां कोई उसे पा न सके। प्रायः देखा गया है कि ऐसे लोभी व्यक्ति अपनी संपत्ति को घर के किसी कोने या दीवार में गाड़ कर निश्चिंत हो जाते हैं और फिर वह संपत्ति न उनके काम आती है, न उनके बच्चों के। ऐसी संपत्ति का उपयोग प्रायः दूसरे ही लोग करते हैं। इसलिए जो कुछ भी हमारे पास है, बेहतर है कि हम इसके प्रति लोभ पालकर भयभीत होने के बजाय उसका सदुपयोग करें और स्वयं को भय की भावना से ऊपर रखें। ऐसा हम तभी कर सकते हैं, जब भय को तथा उसे उत्पन्न करने वाले कारकों को उनके मूल रूप में जान लें।

भय का जन्म असुरक्षा से होता है। असुरक्षा बड़ा प्रभावी तत्त्व है। प्रभावी इसलिए कि सुरक्षा जीवन की पहली आवश्यकता है। हम निरंतर सुरक्षित रहना चाहते हैं और इस सुरक्षा के प्रति इतने संवेदनशील हो जाते हैं कि सुरक्षा की बाबत सोचते-सोचते अनायास असुरक्षा के बारे में सोचने लगते हैं।

छोटी-सी चींटी से लेकर विशालकाय हाथी तक और निरापद खरगोश से लेकर खूंखार शेर तक सभी सुरक्षा चाहते हैं। शिकारी की गोली का निशाना बनने की आशंका से बर्बर शेरनी तक बच्चों को छोड़कर भाग जाती है, फिर और जीवों की तो बिसात ही क्या ? वैज्ञानिकों ने प्रयोगों द्वारा अब तो यह भी प्रमाणित कर दिया है कि यदि पेड़-पौधों के पास भी उन्हें नुकसान पहुंचाने की भावना से जाया जाए, तो वे भी भयग्रस्त हो जाते हैं और खाद-पानी लेकर आते हुए माली को देखकर खुशी से झूम उठते हैं। यानी कि प्रत्येक जीवधारी अपनी सुरक्षा के प्रति संवेदनशील रहता है। यह भी बड़ा स्वाभाविक है कि हम जिस भावना के प्रति जितना ज्यादा सचेत या सतर्क रहते हैं, उसकी विरोधी भावना के प्रति भी उतनी ही अधिक गंभीरता से अनजाने ही सोचने लगते हैं और यह भी बड़ा स्वाभाविक है कि एक प्रक्रिया जब अपनी पूर्णता पर पहुंचती है, तो उसी पूर्ण बिन्दु से उसकी विरोधी प्रतिक्रिया आरम्भ हो जाती है। वैज्ञानिक आइजेक न्यूटन का 'क्रिया की प्रतिक्रिया का सिद्धांत' इसी तथ्य को पुष्ट करता है। इसीलिए भारतीय चिंतकों ने 'अति सर्वत्र वर्जयेत्' कहकर अतिपूर्ण जीवन जीने की आलोचना की है। जिस प्रकार डर एक नकारात्मक आवेश है, उसी प्रकार साहस एक सकारात्मक आवेश है और आवेश में जीवन जीना स्वास्थ्य के लिए घातक है, फिर चाहे वह सकारात्मक ही क्यों न हो। प्रकृति ने मनुष्य को विवेक शक्ति इसलिए दी है कि वह आवेश की इस अवस्था पर नियंत्रण रख सके।

भय सदैव घातक नहीं है और साहस सदैव हितकर नहीं है। दो विपरीत भावों, विचारों या परिस्थितियों में संतुलन का नाम ही स्वस्थ जीवन है। यह भय ही है, जो व्यक्ति को समाज विरोधी कार्यों से रोकता है और यह मूर्खतापूर्ण साहस ही है, जो खूंखार शेर के सामने खाली हाथ खड़े होकर अपनी मौत को न्योता देता है। इसलिए अति से सदैव बचो, विवेकपूर्ण एवं संतुलित जीवन जीओ। सदैव ध्यान रखो कि विष भी श्रेष्ठ दवा का कार्य कर सकता है, कांटे से कांटे को निकाला जा सकता है। मूर्ख के सामने विनम्रता कायरता सिद्ध हो सकती है और दूसरी ओर अधिक पौष्टिक अमृत तुल्य भोजन, पाचन का रोग पैदा कर सकता है। देर तक हंसना पेट में दर्द पैदा कर देता है। सामान्यतः चुप रहना सभ्यता की पहचान है, लेकिन अति मौन मूर्खता का लक्षण है। अतः जीवन में सदैव

संतुलन रखो। विवेकपूर्ण निर्णय लो। ज्ञान के प्रकाश में तथ्यों को भली प्रकार परखो। यथार्थ और अन्धविश्वास में अन्तर करो। आपकी शक्तियों का दमन करने वाले भय को कभी पास मत फटकने दो। यदि ऐसा कोई भय अनजाने में ही आपके मस्तिष्क में घुसपैठ कर ले, तो भली प्रकार उसका विश्लेषण करो, उसके कारणों को जानो और फिर पूरी शक्ति से उसे मन से खदेड़ कर बाहर कर दो। सदैव आवेश रहित शांति पूर्ण जीवन ही आपको सफल और सक्षम व्यक्ति बना सकता है।

2

तृष्णाओं के मकड़जाल से बचें

- आदमी में शुभ गुण तभी तक हैं, जब तक वह तृष्णा से दूर है। तृष्णा का स्पर्श होते ही सब गुण गायब हो जाते हैं।
  —योगवाशिष्ठ
- जो कुछ भी दुःख होता है, वह तृष्णा के कारण होता है।
  —गौतम बुद्ध
- तृष्णा चतुर को भी अंधा बना देती है।
  —शेख सादी
- तृष्णा संतोष की वैरिन है, वह जहां पांव जमाती है, संतोष को भगा देती है।
  —सुकरात

एक सज्जन को एक सपना बहुत परेशान करता था। वे प्रायः सपने में देखते कि वे एक सोने जैसे चमकते विशाल महल के सामने खड़े हैं। महल की चमचमाती सीढ़ियों से ऊपर चढ़कर वे महल की खूबसूरत छत पर चढ़ गए हैं। महल पर उनका एकछत्र राज्य है, वे बड़े खुश होकर महल की दीवारों पर टहल रहे हैं, लेकिन कुछ क्षण बाद ही उन्हें लगता कि वे दीवार की जिस ईंट पर पैर रखते हैं, वह ईंट ही हिल रही है, उनका संतुलन बिगड़ने लगता, वे घबराकर तुरंत बैठ जाते और फिर सरक-सरक कर दीवार को पार करके जीने की सीढ़ियों तक पहुंचते, मगर देखते कि जीने की सीढ़ियां दीवार की तरह सीधी खड़ी हो गई हैं और वे चाहकर भी उन सीढ़ियों से नीचे नहीं उतर सकते। उन्हें बड़ी तेज घबराहट होती, ऊंचा-सुंदर महल उन्हें जानलेवा लगने लगता। वे घबरा कर चीखते और आंख खुल जाती। घबराहट इतनी तेज हो रही होती कि बाकी रात

उन्हें सपने के डर में डरते गुजारनी पड़ती। आखिर हार कर उन्होंने मनोचिकित्सक को अपनी परेशानी बताई। मनोचिकित्सक ने बताया कि जिस महल की एक ईंट भी तुमने अपने हाथ से नहीं रखी, उसके ऊपर चढ़ते ही क्यों हो ? महल पर चढ़ना ही है, तो पहले परिश्रम करो। पैसा कमाओ। ईंटें खरीदो, फिर अपने हाथ से गारा बनाओ। एक-एक ईंट पूरी मजबूती के साथ रखो, तब महल पर चढ़ना। फिर न ईंटें हिलेंगी और न जीना गायब होगा।

यह समस्या आज किसी एक आदमी की समस्या नहीं है। पूरे-के-पूरे वर्ग, पूरे समाज की एक समस्या है। उचित परिश्रम और संसाधनों के अभाव में वह वास्तविक ईंटों का महल तो बना नहीं पाता, लेकिन अपने चारों ओर महलों में रहते लोगों को देखकर महल में रहने के मोह का संवरण भी नहीं कर पाता। वह भी चाहता है कि दूसरों की तरह उसके पास भी एक सुंदर घर हो। वह भी अपने बच्चों के साथ कम-से-कम औसत दर्जे का जीवन जिए, लेकिन उसकी आर्थिक हालत उसे वास्तविक महल नहीं बनाने देती। परिणाम स्वरूप वह कल्पना का एक खूबसूरत महल बुनता है। सुबह से शाम तक उसकी खिड़कियों, दीवारों, छत और कंगूरों पर नक्काशी करता है और रात को जब सोता है, तो फिर उस महल में चढ़ता है, टहलता है। मगर महल में चढ़े और टहले तो तब, जब उसने वास्तव में महल बनाया हो। जिसे वह महल समझ रहा है, वह तो वास्तव में कल्पना का हवाई किला है और कल्पना का हवाई किला तो आखिर आदमी के बोझ से हिलना ही है।

आज का आम आदमी ऐसे ही हवाई किलों का मकड़जाल बुनता है और उसमें उलझकर छटपटाता हुआ अनेक प्रकार के रोगों का शिकार होता जाता है। परिश्रम के बिना बनाया गया यह कल्पना का हवाई किला मानव की तृष्णा का विकृत रूप है।

ईश्वर ने मनुष्य को कल्पना शक्ति इसलिए दी है कि वह अपने विचारों और भावनाओं को मूर्त्त रूप दे सके, कल किए जाने वाले कार्यों का अनुमानित परिणाम जान सके। लेकिन इस जीवन्त और वास्तविक जगत में परिणाम तो कार्यों का मिलता है। कार्य यदि वास्तविक है, तो परिणाम भी वास्तविक होगा और कार्य यदि काल्पनिक है, तो परिणाम भी काल्पनिक होगा। काल्पनिक कार्यों के काल्पनिक परिणाम तृष्णा के वीभत्स रूप हैं, इसलिए हमारे यहां कर्म को प्रधानता दी गई है–

कर्म प्रधान विश्व रचि राखा।
जो जस करहिं सो तस फल चाखा।।

कर्म में प्रवृत्ति के आधार पर व्यक्ति को तीन श्रेणियों में बांट दिया गया है। एक तो वे जो कार्य की योजना तो बहुत अच्छी बना लेते हैं, लेकिन आत्म-विश्वास के अभाव में उस पर अमल ही शुरू नहीं करते। ऐसे लोग दिन-रात कल्पनाएं गढ़ते हैं और उनमें उलझते रहते हैं। कल्पना के अतिरेक और परिश्रम के अभाव में ऐसे लोग स्वयं ही अपना जीवन नष्ट कर लेते हैं।

दूसरी श्रेणी के लोग कल्पनाएं गढ़ते हैं और तुरंत उन पर अमल करना भी शुरू कर देते हैं, लेकिन जैसे ही यथार्थ जीवन में कठिनाइयों के थपेड़े लगते हैं, कार्य को अधूरा छोड़कर ही भाग खड़े होते हैं। ऐसे लोग भी अपने अधूरे कार्यों के कारण वास्तविक हार से पहले ही हार जाते हैं और व्यर्थ की निराशा को ओढ़े सदैव उचित परिश्रम करने से कतराते रहते हैं। अन्ततः पलायनवादी और निराशावादी हो जाते हैं और जीवनभर कुछ न कर पाने की कुंठा झेलते हैं।

तीसरी श्रेणी के लोग अपनी क्षमता के अनुसार कल्पना करते हैं और कार्य की रूपरेखा को अंतिम रूप देने के बाद पुनः गंभीरता से उस पर विचार करते हैं। कार्य की शुरुआत से पहले उसमें आने वाली परेशानियों पर भी मनन करते हैं और पूरी तरह संतुष्ट होने के बाद ही कार्य करना आरंभ करते हैं। एक बार कार्य की शुरुआत करने के बाद ये लोग पीछे मुड़कर नहीं देखते। परेशानी चाहे कल्पना से अधिक ही क्यों न आ जाए, ये अगर एक बार कार्य में लग गए तो फिर उसे पूरा करके ही दम लेते हैं। दरअसल सफलता ऐसे ही दृढ़ निश्चयी और कर्मठ लोगों के कदम चूमती है। ऐसे अनगिनत कर्मठ और आत्म-विश्वासी लोगों के कारनामों और नामों को इतिहास आज भी अपने पन्नों में समेटे हुए है।

उचित कर्म के बिना कोरी कल्पना तृष्णा का एक रूप है। यह तृष्णा की सबसे नीची श्रेणी है, लेकिन तृष्णा यहीं समाप्त नहीं हो जाती। तृष्णा के अनेक रूप हमें समाज में देखने को मिलते हैं, जिनमें सबसे ज्यादा वीभत्स रूप है—अपनी आवश्यकता से अधिक उपलब्धियां प्राप्त कर लेने के बाद भी और अधिक धन, संपत्ति, यश, वैभव प्राप्त करने की प्यास। दूसरों की खुशियों की कब्र पर अपनी कामयाबी के झंडे गाड़ देने का लोभ। तृष्णा का यह रूप व्यक्ति को तानाशाह और स्वेच्छाचारी बना देता है। उपलब्धियों की चाह उसे इतना विकृत कर देती है कि वह खून की नदियां बहाकर पूरी दुनिया का अकेला मालिक बन जाना चाहता है। सफलता की राह में आने वाली हर बाधा को वह तोप और तलवार की धार पर काट देना चाहता है। हिटलर, नादिरशाह, सिकंदर, महमूद गजनवी आदि कितने ही नाम हैं जिन्होंने अपनी तृष्णा को शांत करने के लिए इतिहास

के पन्नों को खून में डुबो दिया। जाने कितने बेगुनाह लोगों के खून से होली खेली और ठहाके लगाए। दरअसल तृष्णा के ये दोनों रूप दो प्रकार की विकृति के उदाहरण हैं। पहली विकृति स्वयं आदमी को नष्ट करती है, तो दूसरी समाज को नष्ट करने पर तुल जाती है। परिणाम दोनों के ही घातक और विनाशकारी होते हैं। कोरी कल्पना के आधार पर तृष्णाओं का मकड़जाल बुनने वाले लोग जहां स्वयं को नष्ट कर लेते हैं, वहीं अपनी तृष्णाओं की पूर्ति के लिए समाज को रौंद डालने वाले लोगों का परिणाम भी दुखदायी ही होता है, चाहे वह कोई हिटलर हो, मुसोलिनी हो या फिर सिकंदर महान्। सब जीवन को जितने अस्वाभाविक ढंग से जीते हैं उनकी मौत भी उतनी ही भयानक होती है। लाखों लोगों की नृशंसतापूर्ण हत्याएं करा देने वाले मुसोलिनी और हिटलर के दुखद अंत से सभी परिचित हैं। मुसोलिनी और उसकी पत्नी को जनता ने मारकर चौराहे पर उलटा लटका दिया था, जबकि हिटलर ने मानसिक रूप से विक्षिप्त होकर आत्महत्या कर ली थी। सिकन्दर बड़े गर्व के साथ विश्वविजय के अभियान पर निकला था, लेकिन भारत से मुंह की खाकर जब लौटा तो रास्ते में ही गम्भीर रूप से बीमार होकर मर गया। विश्व विजय करने तथा सुरक्षित लौटकर अपने देश को देखने की उसकी इच्छा धरी-की-धरी रह गयी।

अतः व्यक्ति को तृष्णा की इन दोनों अतिवादी अवस्थाओं से, इन दोनों प्रकार की विकृतियों से सावधान रहना चाहिए और एक मध्यम मार्ग अपनाना चाहिए, जिसमें वह न आत्महन्ता बन सके और न समाजहन्ता।

स्वस्थ और सार्थक जीवन जीने के लिए तृष्णा एक आवश्यक मनोभाव है, लेकिन सिर्फ उस सीमा तक, जहां तक यह दूसरे को नुकसान पहुंचाए बिना आत्म उन्नति में साधक सिद्ध हो सके।

जीवन में तृष्णा न हो, ये तो संभव ही नहीं है। व्यक्ति एक सामाजिक प्राणी है। शरीर की आवश्यकताओं की पूर्ति, परिवार के दायित्वों का निर्वाह और समाज में सम्मानित जीवन जीने के लिए भौतिक संसाधन अपरिहार्य हैं। आवश्यकता का जन्म होते ही व्यक्ति को उसे पूरा करने की चाह भी पैदा होती है। आवश्यकता की पूर्ति की यह चाह ही तृष्णा का दूसरा नाम है। यह तृष्णा ही है, जो व्यक्ति को अभावों से छुटकारा दिलाने के लिए कर्म में प्रवृत्त होने की प्रेरणा देती है और कर्म में प्रवृत्ति की यह प्रेरणा ही आज का सजा-संवरा संसार है। मानवीय उपलब्धियों का मूल आधार है। इसलिए व्यक्ति में तृष्णा का पैदा होना भी स्वाभाविक है और उसकी पूर्ति के लिए कर्म करना भी स्वाभाविक है। अस्वाभाविक है तो बस तृष्णा के मकड़जाल में मक्खी की तरह उलझना और

अपने जीवन की आहुति दे देना या फिर अपनी तृष्णा की पूर्ति के लिए हंसते-खेलते संसार को आग लगा देना या श्मशान में बदल देना।

आज देश में न राजे-महाराजे हैं और न राजशाही, इसलिए राज सिंहासन की तृष्णा में तलवारें चमकाते हुए समूची मानवता को कुचल देने की प्रवृत्ति तो धरती को रौंद डालने में मजबूर है, लेकिन बदली हुई व्यवस्था में इस प्रवृत्ति ने भी अपना रूप बदल लिया है। जन हत्याओं के लिए अब राजाओं के बर्बर आक्रमण नहीं होते। हां, चोरी छिपे घातें-प्रतिघातें चलती हैं। लोग तलवार भांजने की बजाय ज़हर पिलाकर जनता को मार डालने के नए-नए तरीके ईजाद कर चुके हैं। संगमरमरी इमारतों में रहने, चमचमाती कारों में घूमने और पांचसितारा होटलों की संस्कृति में जीने के लिए लोगों ने अफीम, चरस, गांजा, कोकीन, हैरोइन जैसे मादक पदार्थों की तस्करी का रास्ता निकाल लिया है, और धीरे-धीरे समाज को गलाकर मार डाल रहे हैं। कुछ चालाक लोगों ने अपने चरित्र गिरवी रखकर दलाली और मुनाफ़ाख़ोरी से दूसरों के हक़ को हड़पने के नुसखे ईजाद कर लिए हैं। आज समूचा समाज इन्हीं खूंखार भेड़ियों की धूर्त्तता के चंगुल में छटपटा रहा है। तृष्णा का यह मानवघाती रूप अब गली-मोहल्लों से लेकर विश्व स्तर तक अपना जाल फैला चुका है। और इसके दुष्परिणाम भी खुलकर हमारे सामने हैं।

माया की आपाधापी में आदमी इतना उलझ गया है कि वह स्वयं ही नष्ट होता जा रहा है। आदमी के पास रहने को एयरकंडीशनर मकान हैं, लेकिन उनमें घर की प्रेममयी संवेदना मर चुकी है। घूमने के लिए एयरकंडीशनर कारें हैं, लेकिन भागमभाग ने जीवन की शांति लूट ली है। पांचसितारा होटल हैं, लेकिन वहां प्रेम नहीं, अहंकार का प्रदर्शन है। आनंद नहीं, वितृष्णा है। कुंठाएं हैं और उनकी कुत्सित अभिव्यक्ति है।

हमारे आसपास ही कितने परिवार ऐसे हैं, जिन्होंने सम्पत्ति कमाई, लेकिन सुख खो दिया। जिनके पास साधन हैं, लेकिन शांति नहीं। खाने के लिए काजू हैं, लेकिन पचाने के लिए आंतें नहीं। पहनने के लिए सोना है, लेकिन शरीर नहीं। पैसे से अलमारियां और बैंक भरे हुए हैं, लेकिन या तो खर्च करने वाले वारिस नहीं हैं और यदि हैं भी, तो नष्ट कर देने वाले विकृत बच्चे, जिनकी मानसिकता विकलांग हो चुकी है।

मेरे परिचित एक सज्जन को संपत्ति की इतनी तृष्णा थी कि जहां जाकर खड़े हो जाते, वह ज़मीन उनकी, उनके बाप की। दो फर्जी लोग ज़मीन के मालिक के रूप में कचहरी में खड़े किए और बस लिखवा लिया बैनामा। आज पूरे शहर में उनकी अरबों रुपये की संपत्ति की कालोनियां खड़ी हैं। खुद अकाल मौत का

शिकार हो चुके हैं। दो लड़के हैं, दोनों के पास दो-दो लड़कियां हैं। बड़े लड़के की दोनों लड़कियां कार एक्सीडेंट में अपंग हो चुकी हैं। छोटे लड़के की दोनों लड़कियां मानसिक रूप से विकलांग हैं। दोनों लड़के बंदूकों के साए में जिन्दगी जीते हैं। उन्हें लगता है कि अगर संपत्ति नहीं होती, तो चार-चार विकलांग लड़कियों का इलाज आखिर कैसे करवा पाते, लेकिन यह कभी नहीं सोचते कि यदि दूसरों की आहों के बदले यह संपत्ति नहीं हड़पी होती, तो इलाज की आवश्यकता ही क्यों पड़ती ?

कहने का मतलब यही है कि संतुलित रूप में तृष्णा कोई बुरा मनोभाव नहीं है। जीवन की आवश्यकताओं की पूर्ति के लिए तृष्णा ही तो प्रेरणा देती है, लेकिन आवश्यकताओं की पूर्ति के लिए ईमानदारी, लगन और दृढ़ निश्चय के साथ पुरुषार्थ करना और दूसरे को दुःख पहुंचाए बिना अपने परिश्रम से सफलता प्राप्त करना ही सही रास्ता है। तृष्णाओं का जाल बुनकर, बिना परिश्रम किए ख्याली पुलाव पकाना जहां व्यक्ति को पलायनवादी और निराशावादी बनाकर उसे आत्महीनता के गर्त में डाल देता है, वहीं तृष्णाओं की पूर्ति के लिए भ्रष्ट आचरण का सहारा लेना व्यक्ति को चरित्र हीनता के नर्क में झोंक देता है। जहां व्यक्ति सबकुछ उपलब्ध करने के बाद भी अशांति की आग में झुलसता रहता है, आनंद पाने के लिए आजीवन तरसता रहता है। इसलिए तृष्णा तो रखें, लेकिन तृष्णाओं के मकड़जाल से सावधान रहें और ईमानदारी से परिश्रम की रोटी खाएं, तभी जीवन का सच्चा आनंद मिल सकता है। याद रखें कि तृष्णाओं के मकड़जाल में फंसे व्यक्ति को होने वाले हार्ट अटैक, किडनीफेलियर, मानसिक विकृति जैसे रोगों की अपेक्षा परिश्रम से कमाई सूखी रोटी खाकर, सुख से सोना कहीं अधिक बेहतर है, कहीं अधिक आनंददायक है। यही तो जीवन का वास्तविक सुख है।

3

अहंकार : विनाश का बीज

- अहंकार ने ही संसार में हाहाकार मचाया है और घमंड ने बहुत अत्याचार किया है।

  —हरिऔध

- जो अपनी प्रज्ञा के अहंकार में दूसरों की अवज्ञा करता है, वह मूर्ख है।

  —महावीर स्वामी

- मनुष्य जितना छोटा है, उसका अहंकार उतना ही बड़ा होता है।

  —वाल्टेयर

- अहंकारी मनुष्य केवल अपने ही महान् कार्यों का वर्णन करता है और दूसरों के केवल कुकर्मों का।

  —स्पिनोजा

व्यक्ति के विनाश के जितने भी कारण हैं, अहंकार उन सबका जन्मदाता है। घृणा, द्वेष, ईर्ष्या, अंतर्द्वंद्व, तनाव आदि सब तो उस पेड़ की शाखाएं और पत्ते मात्र हैं, जो अहंकार के बीज से पल्लवित हुए हैं। क्रोध के फूल, बैर के फल और विनाश के बीज अहंकार के पेड़ पर ही लगते हैं। अहंकार का यह पेड़ इतनी तेजी से फूलता-फलता है कि व्यक्ति को यह अहसास ही नहीं होता कि कब उसका समूचा अस्तित्व इसकी काली विषैली छाया ने ढक लिया। हां, जब इसके विषैले फलों का किया गया सेवन व्यक्ति का, उसके परिवार का और उसकी सामाजिक मान-प्रतिष्ठा का सर्वनाश कर देता है, तब उसे होश आता है। वह पश्चात्ताप की आग में जलता है और उस क्षण को कोसकर पछताता है, जिस क्षण अहंकार का विष बीज उसके अंतस् में अंकुरित हुआ था।

अहंकार की कालिख से हर युग के इतिहास के पन्ने बदरंग हैं। चाहे वह दसों दिशाओं का ज्ञान रखने वाला परम विद्वान् रावण हो या महाप्रतापी हिरण्यकश्यप, चाहे वह अकूत बलशाली महिषासुर हो या अद्भुत चमत्कारी रक्तबीज कंस हो, सिकंदर हो, हिटलर हो या फिर मुसोलिनी, जिसने भी अहंकार के फल को रस लेकर खाया, वही ध्वस्त हो गया। इन अहंकारियों का जीवन जितना क्रूर और नृशंस रहा, इनकी मौत उससे कहीं अधिक भयावह रही। जैसे हिटलर की डिक्शनरी में असफलता नाम का कोई शब्द नहीं था, वैसे ही अहंकार के शब्दकोश में दया नाम का कोई शब्द नहीं है। आज भी इन अहंकारियों की गाथाओं को दोहराने का एकमात्र उद्देश्य है जन सामान्य को अहंकार की विनाशक लीला से सावधान करना। धार्मिक स्वरूप तो केवल इन कथाओं को रोचक बनाकर याद रखने के उद्देश्य से दिया गया है।

अहंकार का यदि हम मनोवैज्ञानिक विश्लेषण करें, तो पाएंगे कि अहंकार हमारे अंतःकरण का निर्माण करने वाले चार कारकों में से एक प्रमुख कारक है। ये चार कारक हैं—मन, बुद्धि, अहंकार और चित्त। इन्हीं चार कारकों से मिलकर हमारा अंतःकरण बनता है। इनमें से पहले कारक अर्थात् मन का स्वभाव है संशय करना अथवा संकल्प या विकल्प करना। बुद्धि का कार्य है इस संशय का नाश करके अथवा संकल्प और विकल्प पर पहुंचना। निर्णय हो जाने के बाद बात आती है उस निर्णय पर अमल करने की। यह कार्य है अहंकार का अर्थात् अपनी समस्त शक्तियों को संघीभूत करके बुद्धि को यह संतुष्टि देना कि हमारी शारीरिक क्षमताएं उस कार्य को करने में पूरी तरह सक्षम हैं। चौथा कारक है चित्त, जिसका कार्य है हमें चैतन्य बनाए रखना, सजग रखना।

इस दृष्टि से अहंकार कोई बुरा शब्द नहीं है, बल्कि अंतःकरण के एक घटक के रूप में वह हमारे व्यक्तित्व का एक अनिवार्य अंग है। अहंकार बुरा तब बनता है, जब व्यक्ति की वृत्ति उसे बुरा बनाती है।

वृत्तियां तीन प्रकार की होती हैं—सात्विकी, राजसी और तामसी। सात्विकी वृत्ति का कार्य है, दूसरों की भलाई करना अर्थात् लोक कल्याण के लिए कार्य करना। यदि व्यक्ति का अहंकार इस वृत्ति के साथ जुड़ जाता है, तो वह अपनी संपूर्ण क्षमताओं को लोक-कल्याण में लगा देता है। तुलसी, कबीर, सूर, मीरा जैसे उच्च कोटि के भक्त, कवि, साहित्यकार, कलाकार, धर्मगुरु और अन्य समाज सेवकों ने अपने अहं को समाज के उत्थान के कार्य में लगाकर अहंकार के इसी रूप को पुष्ट किया है।

दूसरी वृत्ति है—राजसी। जिसका गुण है कि अपना भला हो जाए किंतु दूसरे का नुकसान न हो। इस प्रकार का अहंकार स्वाभिमान के नाम से जाना

जाता है, जिसमें व्यक्ति अपने अहं को सुरक्षित रखते हुए दूसरों की भलाई में जुटता है। अपने अस्तित्व के प्रति सचेत जन सामान्य में अहंकार का यही रूप दिखाई देता है। हम दूसरों का भला तो करते हैं, किंतु हमारे कर्तव्य जैसे ही अपमान की सीमा में प्रवेश करने लगते हैं, हम स्वयं को पीछे लौटा लेते हैं। स्वाभिमान की यही भावना सक्षम होते हुए भी हमें लोक-विरोधी कार्यों में लिप्त नहीं होने देती। बुराइयों की ओर जाते ही हमारे ऊपर अंकुश लगा देती है।

तीसरी वृत्ति है—तामसी वृत्ति। इस वृत्ति का कार्य ही दूसरों का बुरा करना, बुरा सोचना, बुरा सुनना और बुरा देखना है। इस हद तक कि भले ही अपना नुकसान हो जाए, लेकिन दूसरा व्यक्ति अर्थात् हमारा शत्रु परेशान अवश्य हो। गोस्वामी तुलसीदास ने ऐसे व्यक्तियों की नीचता की तुलना सन के पौधे से की है। सन का पौधा जड़ से काटा जाता है, सुखाया जाता है और पोखर की गंदी कीचड़ में गहरे तक दबा दिया जाता है। जब यह पौधा सड़ जाता है, तो फिर उसे कीचड़ से निकाला जाता है। जगह-जगह से तोड़ा जाता है और इसके तने पर लगे बक्कल को फिर सुखाया जाता है। मुगदर से कूट कर रेशे-रेशे किया जाता है, फिर इन रेशों को मसलकर ऐंठा जाता है और बट कर रस्सी बनाई जाती है। सन का यह पौधा इतनी दुर्गति सिर्फ इसलिए झेल लेता है कि उससे बनी रस्सी से किसी को बांधकर दंडित किया जाएगा। ठीक ऐसी ही प्रवृत्ति के कुछ व्यक्ति होते हैं, जो मात्र इस खुशी में अपनी खाल तक खिंचवा सकते हैं कि उनकी खाल से बनी रस्सी से किसी को बांधकर दुःख पहुंचाया जाएगा। अब आप स्वयं कल्पना कर सकते हैं कि अहंकार यदि इस तामसी वृत्ति के साथ मिल जाएगा, तो क्या गुल खिलाएगा, यह निश्चित रूप से दूसरों को मुसीबत में डालेगा और उन्हें दुखी देखकर खुश होगा। अंग्रेज़ी में इसी प्रवृत्ति को सैडिस्ट या परपीड़न कहा जाता है, किन्तु प्रकृति का विधान है कि परपीड़न की प्रवृत्ति देखने में दूसरों को दुख भले ही पहुंचाती है, मगर दूसरों को दुःख पहुंचाने से पहले वह स्वयं दुख पहुंचाने वाले को दुखी करती है। यानी कि अहंकार की यह तामसी प्रवृत्ति दुधारी तलवार की तरह है, जो सामने वाले को तो मारती ही है, स्वयं मारने वाले को भी नष्ट कर देती है। यही सोचकर तो हमारे धार्मिक चिंतकों ने 'परपीड़ा सम नहिं अधमाई' कहकर परपीड़ा की प्रवृत्ति को अधार्मिक और नीचतम प्रवृत्ति की संज्ञा दी है। इस स्थिति में अहंकार का नाम घमंड होता है और अहंकार का यही स्वरूप विनाश का बीज है।

वृत्तियों की खासियत भी यही है कि जो व्यक्ति जिस प्रवृत्ति का है, वह उसी को श्रेष्ठ मानता है और उसी के अनुकूल आचरण करने में सुख पाता है।

एक सात्विकी वृत्ति वाला व्यक्ति, राजसी और तामसी वृत्ति को हेय दृष्टि से देखता है, तो एक तामसी वृत्ति वाला व्यक्ति सात्विकी और राजसी वृत्ति को कायरता कहकर उसकी खिल्ली उड़ाता है। देहाभिमान अर्थात् देह में रहने वाली शारीरिक और मानसिक शक्तियों के घमंड में चूर ऐसा व्यक्ति सदैव दूसरों को पीड़ा पहुंचाकर अपने आपको सर्वश्रेष्ठ, सर्वाधिक शक्तिशाली और सर्वज्ञ मान बैठता है और इसी ग़लतफ हमी में वह दूसरों पर तब तक अत्याचार करता रहता है, जब तक या तो उसके अहंकार को नष्ट करने वाला उसी के समान कोई शक्तिशाली व्यक्ति नहीं मिल जाता या फिर सात्विकी वृत्ति से संपन्न कोई परम ज्ञानी व्यक्ति उसकी तामसी वृत्ति को नहीं बदल देता।

पहले प्रकार के लोगों में हम श्रीराम, श्रीकृष्ण, शिव, दुर्गा जैसे परम सत्ता का अवतार माने जाने वाली विभूतियों के उदाहरण ले सकते हैं, जिन्होंने अपने शक्ति बल से अत्याचारियों को उनके वंश सहित नष्ट कर दिया। दूसरे प्रकार के व्यक्तियों में प्रेम और मानवता का संदेश देने वाले स्वयं संयत पूज्य जनों को ले सकते हैं, जिन्होंने अपनी सात्विक वृत्ति की शक्ति से घोर अपराधियों को भी श्रेष्ठ मानव बना दिया। वाल्मीकि, अंगुलिमाल जैसे डाकू या फिर अंग्रेज़ों जैसे शोषक अत्याचारियों के शासन के खात्मे के लिए ऐसे ही महापुरुष हमारे बीच आए और सामाजिक सद्भाव तथा स्वतन्त्रता का बिगुल बजाकर जन-जीवन को चैतन्य करके अमर हो गए।

अंगुलिमाल एक ऐसे ही लुटेरे का नाम है, जो मानव के वेश में मृत्यु का भयावह दूत था। जंगल से गुजरने वाले यात्रियों की वह नृशंस हत्या करता और हत्या की यादगार के रूप में मृतक की अंगुली काटकर धागे में पिरोकर गले में डाल लेता। डर के मारे कोई भी यात्री उस जंगल से नहीं गुजरता। महान् तपस्वी गौतम बुद्ध एक दिन उसी जंगल से गुजरे। अंगुलिमाल अपनी तलवार लेकर उनके पीछे-पीछे आया और गरज कर कहा–ठहर जा ! महात्मा बुद्ध पलटे, आत्मनिष्ठ होकर बड़े प्यार से उत्तर दिया–मैं तो ठहर गया, तू कब ठहरेगा। तपस्वी के दमकते मुखमंडल पर अंगुलिमाल की दृष्टि पड़ी, तो सहम कर रह गया। उस पर भी ऐसे शब्द, जिन्होंने उसके अंतस् के तारों को झंकृत कर दिया। तलवार हाथ से छूटकर जमीन पर गिर पड़ी और स्वयं भी झुककर महात्मा के चरणों में लोट गया। यह महात्मा बुद्ध की मानसिक और आध्यात्मिक शक्ति का कमाल था, जिसने एक राक्षस के अहंकार को सदा-सदा के लिए नष्ट कर दिया।

जिन व्यक्तियों का अहंकार देह और मन दोनों के धरातल पर होता है, उनका अहंकार समूल नाश के बिना समाप्त नहीं होता है। जैसे रावण को देहाभिमान

अर्थात् शारीरिक शक्ति और भौतिक संपदा का अभिमान तो था ही, साथ ही उसने अमर होने का भ्रम पालकर मन को भी अहंकारी बना लिया था। ऐसी स्थिति में बुद्धि और विवेक की लाख कोशिशों के बावजूद वह तब तक नहीं माना, जब तक कि समूचे वंश का विनाश नहीं करा लिया। अतः अहंकार मन और देह दोनों के ही धरातल पर होता है। देहाभिमान तो अहंकारी को ही नष्ट करता है, जैसे—अहंकारी हिटलर को आत्महत्या करनी पड़ी, मुसोलिनी की हत्या कर दी गयी और सिकन्दर को अकाल मृत्यु मिली। अनेक बार देहाभिमान वाले व्यक्ति को यदि कोई उचित मार्ग निर्देशक मिल जाए, तो उसके अहंकार को नष्ट भी कर देता है, जैसा कि वाल्मीकि और अंगुलिमाल के संदर्भ में हुआ कि वे बदले तो दूसरी दिशा में प्रसिद्धि के शिखर तक जा पहुंचे। क्योंकि उनके मन ने सच्चाई को स्वीकार कर लिया और अहंकार को छोड़ देने का दृढ़ निश्चय भी कर लिया। किंतु मन के धरातल पर जो अहंकार होता है, वह आसानी से समाप्त नहीं किया जा सकता। ऐसा व्यक्ति सच्चाई को समझता है, लेकिन अपने अहंकारी मन के वशीभूत होने के कारण उसे स्वीकार नहीं कर पाता और सब कुछ नष्ट हो जाने के बाद पाश्चात्ताप करता है।

वस्तुतः अहंकार हर स्तर पर घातक है। जब तक यह व्यक्ति के अंदर रहता है, उसे तनावग्रस्त रखता है और जैसे ही शरीर से बाहर आता है, समाज को नुकसान पहुंचाता है। अहंकार के इसी विध्वंसक स्वरूप को देखकर धर्म, दर्शन और चिकित्साशास्त्रों में इसकी विस्तार से चर्चा की गई है और हर स्तर पर इसे छोड़ देने का सुझाव दिया गया है। अहंकार स्वयं से मिलन में बाधक है। समाज से मिलन में बाधक है और परमात्मा से मिलन में बाधक है। बाधक ही नहीं, यह तीनों ही स्तरों पर घातक है और इसका एकमात्र लक्ष्य है विध्वंस। जी हां, स्वयं का विध्वंस। समाज का विध्वंस और मुक्ति के मार्ग का विध्वंस। अतः विनाश के बीज अहंकार से सदैव बच के रहना चाहिए।

4

क्रोध : नाश की निशानी

- *क्रोध एक प्रचंड अग्नि है। जो मनुष्य इस अग्नि को वश में कर सकता है, वह उसको बुझा देगा। जो मनुष्य अग्नि को वश में नहीं कर सकता, वह स्वयं अपने आपको जला देगा।*
   —महात्मा गांधी
- *क्रोध मूर्खता से शुरू होता है और पश्चात्ताप पर खत्म होता है।*
   —पाइथागोरस
- *क्रोध को प्रेम से, पाप को सदाचार से, लोभ को दान और मिथ्या भाषण को सत्य से जीता जा सकता है।*
   —गौतम बुद्ध
- *क्रोध को विनय निगल सकता है।*
   —प्रेमचन्द

जब हमारे मनचाहे कार्य में बाधा पड़ती है या हमारी कोई इच्छित कामना विफल हो जाती है, तो जिस कारण ने हमें असफल किया है, उसके प्रति हमारे मन में तीव्र विध्वंसात्मक प्रतिक्रिया जन्म लेती है। हम उस कारण को नष्ट कर देना चाहते हैं। मन की यही विध्वंसात्मक प्रतिक्रिया ही क्रोध कहलाती है।

हमें अपने कार्य में असफल करने वाला कारण व्यक्ति, वस्तु या विचार कुछ भी हो सकता है। व्यक्ति और वस्तु तो वाह्य कारण हैं। ऐसे में हम क्रोध में भरकर उन बाहरी कारणों को नष्ट कर देना चाहते हैं और विचार हमारे अंदर का कारण है, अतः यदि हम स्वयं अपने किसी विचार के प्रति क्रोध करते हैं, तो अप्रत्यक्ष रूप से स्वयं अपने ही विरुद्ध जंग का ऐलान कर बैठते हैं और अपने आपको ही नष्ट कर देने पर तुल जाते हैं।

क्रोध का आवेश सबसे पहले हमारे विवेक को नष्ट करता है। विवेक का कार्य है हमें अच्छे-बुरे, उचित-अनुचित का ज्ञान कराना। विवेक के नष्ट होते ही क्रोधी मनुष्य का निर्णयात्मक ज्ञान समाप्त हो जाता है। वह अच्छे-बुरे, उचित या अनुचित में भेद नहीं कर पाता। उसका तो बस एकमात्र उद्देश्य होता है—उस कारण को नष्ट करना, जिसने सफलता में बाधा डाली है। अतः विवेक के नष्ट होते ही व्यक्ति का नष्ट होना लगभग निश्चित हो जाता है। इसीलिए शास्त्रों में कहा गया है कि कामनाओं के पूरा होने में बाधा पड़ने से क्रोध उत्पन्न होता है। क्रोध से विवेक नष्ट हो जाता है और जिस व्यक्ति का विवेक नष्ट हो जाता है, उसका विनाश होना सुनिश्चित ही है।

क्रोध उत्पन्न तो दूसरे को नष्ट करने के लिए होता है, लेकिन वह क्रोध करने वाले व्यक्ति को पहले नष्ट कर देता है। क्रोध का आवेश इतना तीव्र होता है कि इसके पैदा होते ही हमारा समूचा शरीर भीषण उत्तेजना से भर जाता है। क्रोध का आवेश पैदा होते ही समूचे शरीर की मांसपेशियां तन जाती हैं। खून का दौरा एक साथ तेज हो जाता है। चेहरा लाल पड़ जाता है। आंखों में सुर्खी आ जाती है। न चाहते हुए भी हाथ फड़कने लगते हैं। मुट्ठियां भिंच जाती हैं, होठ कांपने लगते हैं, श्वास तेज हो जाती है, मुख से कठोर वचन स्वयं ही फूट पड़ते हैं। कभी-कभी तो क्रोध के अतिशय आवेश की अवस्था में सारा शरीर ही कांपने लगता है। ऐसी अवस्था में मस्तिष्क नकारात्मक भावों से भर जाता है और उससे ऐसी तरंगें निकलने लगती हैं, जो विनाशकारी होती हैं।

क्रोध की इस अवस्था में यदि हमें असफल करने वाला कारण हमारे सामने उपस्थित होता है, तो हम उसे नष्ट करने के लिए टूट पड़ते हैं और यदि कारण सामने नहीं है, तो उसे नष्ट करने के लिए योजनाएं बनाते हैं, निर्णय लेते हैं और जब तक उसे नष्ट नहीं कर देते, क्रोध की आग में जलते रहते हैं।

यदि हम गौर से देखें, तो स्पष्ट हो जाएगा कि हम अपने शत्रु कारण को नष्ट करने के लिए जो क्रोध करते हैं, उससे शत्रु नष्ट होता है या नहीं, यह तो बाद की बात है, किंतु जिस विध्वंस के लिए हम अपने आपको तैयार करते हैं, उसकी तैयारी अर्थात् हमारे अंदर पैदा होने वाला क्रोध का भावावेश हमारे शरीर को एक असामान्य उत्तेजना से भरकर नष्ट करने में कोई कसर बाकी नहीं रखता।

शरीर में क्रोध के आवेश भरते ही हमारे अंदर जो विध्वंस की उत्तेजना जागती है वह हमारे दिल की धड़कनें, सांस की गति, रक्तचाप आदि बढ़ाकर और मांसपेशियों में अकड़न पैदा करके हमारी ऊर्जा को नष्ट तो करती ही है, साथ ही मस्तिष्क में उठने वाले नकारात्मक भाव हमारे दिमाग को नकारात्मक

ऊर्जा और उत्तेजना से भरकर बुरी तरह प्रभावित करते हैं, जिससे हमारे शरीर और मन दोनों को ही भयंकर परेशानी उठानी पड़ती है।

क्रोध का यह आवेश हमारे संपूर्ण शरीर पर बुरा प्रभाव डालता है और कुछ क्षण के लिए शरीर के सभी अंगों की क्रियाएं इस उत्तेजना से बुरी तरह प्रभावित हो जाती हैं। अंतःस्रावी ग्रंथियों से निकलने वाले हारमोन्स भी असंतुलित हो जाते हैं, जिससे शरीर पर बहुत बुरा प्रभाव पड़ता है। कुछ समय के लिए हमारी भूख, प्यास और समूची सामान्य शारीरिक क्रियाएं थम जाती हैं। इसीलिए क्रोध के समय व्यक्ति को न भूख लगती है और न प्यास। उसकी सारी इंद्रियों का एकमात्र उद्देश्य होता है–एक साथ उत्तेजित होकर विध्वंस मचा देना।

सामान्य रूप से क्रोध हमारे व्यक्तित्व का हिस्सा है। प्रकृति ने हमारी शारीरिक और वैचारिक सुरक्षा के लिए इसे हमारे स्वभाव के एक कारक के रूप में बनाया है। अपनी सुरक्षा के लिए क्रोध प्रकृति का मनुष्य को वरदान है। कभी-कभी आने वाले क्रोध के आवेश के कारण शरीर की मांसपेशियों में पैदा हुई उत्तेजना शरीर को स्वस्थ रखने में सहायक है, साथ ही लोक कल्याण एवं अपनी तथा दीन-दुखियों की सुरक्षा के लिए आया क्रोध भी एक स्वाभाविक प्रक्रिया है। वह व्यक्ति, जो दीन-दुखियों को देखकर द्रवित नहीं होता अथवा उनके ऊपर होने वाले अत्याचार को देखकर भी क्रोध नहीं करता, वह अत्याचारी के समान ही पाप का भागी है। अतः अपनी सुरक्षा एवं लोकरक्षा के लिए सच्चे मन से क्रोध का सहारा लेना भी आवश्यक है।

क्रोध विशेष रूप से नुकसानदायक तब होता है, जब निजी स्वार्थ की पूर्ति के लिए व्यक्ति निरंतर चिंतित रहता है या दूसरे पर क्रोध करना अपना स्वभाव बना लेता है। ऐसी अवस्था में व्यक्ति के न तो स्वार्थ का कोई अंत है और न ही उसके क्रोध का। अतः निरंतर क्रोध के आवेश के कारण उसे शारीरिक तथा मानसिक तनाव और कष्ट झेलने पड़ते हैं। इसलिए क्रोध को स्वार्थ से कभी न जोड़ें। उसे अपने व्यक्तित्व का अंग न बनने दें, अपने ऊपर हावी न होने दें। सदैव ध्यान रखें कि प्रकृति के इस सुरक्षा कवच रूपी वरदान का दुरुपयोग न करें और यह भी सदैव याद रखें कि क्रोध किसी प्रकार का क्यों न हो, शरीर में उत्तेजना तो पैदा करता ही है। उत्तेजना की अति हमारे लिए भारी नुकसानदायक हो सकती है।

आज विश्व के सभी चिकित्सक, खासकर मनोचिकित्सक इस सच्चाई पर एक मत हैं कि क्रोध की उत्तेजना हमारी मानसिक और शारीरिक अवस्था पर भयंकर दुष्प्रभाव डालती है। मनोवैज्ञानिकों ने अपने प्रयोगों से यह सिद्ध कर दिया

है कि कोई भाव यदि एक बार मन में पैदा हो जाए, तो उसे समाप्त नहीं किया जा सकता। वह या तो बाहर अभिव्यक्त हो जाएगा या फिर उसका दमन हो जाएगा। भावावेश की अवस्था में विवेक के जाग्रत होने पर व्यक्ति अपने या समाज के भले के लिए बहुत-सी भावनाओं को बलपूर्वक रोक देता है और इन्हें अभिव्यक्त नहीं होने देता। इसी प्रक्रिया को दमन कहते हैं।

भावना यदि अभिव्यक्त हो जाती है, तो उसका प्रभाव कम हो जाता है। ऐसी अवस्था में शरीर पर पड़ने वाले उसके अच्छे या बुरे प्रभाव भी कम हो जाते हैं, किंतु जो भावनाएं बलपूर्वक मन में दबा दी जाती हैं, वे और अधिक शक्ति के साथ लगातार बाहर आने का प्रयास करती हैं। ऐसी स्थिति में उन्हें दबाने के लिए हमारे चेतन मन को भी और अधिक शक्ति का प्रयोग करना पड़ता है। अतः मन में उस दबी हुई भावना और हमारी चेतन-शक्ति के बीच एक द्वंद्व, एक युद्ध शुरू हो जाता है और व्यक्ति लगातार इस अंतर्द्वंद्व को झेलता है। इस अंतर्द्वंद्व का शरीर की क्रियाओं पर गंभीर दुष्प्रभाव पड़ता है।

उदाहरण के लिए कोई व्यक्ति आपसे बुरा व्यवहार करता है। आपको क्रोध आ जाता है। आप उस व्यक्ति के प्रति अपने क्रोध को तत्काल अभिव्यक्त कर देते हैं, तो कुछ ही देर में आपका क्रोध शांत हो जाता है। किंतु यदि वह व्यक्ति आपसे अधिक शाक्तिशाली है, उसके साथ दो लोग और हैं, आपको लगता है कि आप उसका मुकाबला नहीं कर पाएंगे, तो न चाहते हुए भी आपको अपने क्रोध को दबाना पड़ता है। अब क्रोध को आपने दबा तो दिया, किन्तु इस घटना को, अपने इस अपमान को आप भुला नहीं पाएंगे और वह बार-बार आपको परेशान करेगा। आप बदला लेने का अवसर तलाशते रहेंगे, अंदर-ही-अंदर घुटते रहेंगे, परेशान होते रहेंगे। यह परेशानी तब तक जारी रहेगी, जब तक कि आप उस व्यक्ति से अपने अपमान का बदला लेकर अपने क्रोध को शांत नहीं कर लेंगे।

लंबे समय तक क्रोध का बना रहना ही दुश्मनी में बदल जाता है। इसीलिए आचार्य रामचन्द्र शुक्ल ने वैर को क्रोध का अचार या मुरब्बा कहा है। अर्थात् क्रोध जब मन में लंबे समय तक पलता रहता है, तो व्यक्ति को क्रोध की यह भावना रुचिकर लगती है और धीरे-धीरे यह व्यक्ति के स्वभाव का हिस्सा बन जाती है।

क्रोध की यह भावना जब तक चेतन मन में रहती है, व्यक्ति को प्रत्यक्ष रूप से परेशान करती रहती है और यदि व्यक्ति किसी प्रकार भी अपने अपमान का बदला लेने का अवसर प्राप्त नहीं कर पाता है अर्थात् कुछ समय तक अपमान करने वाला व्यक्ति सामने नहीं आता है, तो यह भावना चेतन मस्तिष्क से निकल

कर अचेतन मस्तिष्क में चली जाती है। अचेतन मस्तिष्क से भावनाएं प्रतीक रूप में बाहर आती हैं।

उदाहरण के लिए यदि आपको अपने क्रोध का बदला लेने का अवसर नहीं मिला, तो जिस व्यक्ति के प्रति आपको क्रोध है, उससे आप सपने में बदला लेकर अपनी इस भावना को शांत कर सकते हैं। जिस परिस्थिति में, जिस वातावरण में आपका अपमान हुआ था, उस परिस्थिति, उस वातावरण के प्रति भी आपके मन में द्वेष पैदा हो सकता है और आप उससे प्रत्यक्ष रूप में घृणा करने लग सकते हैं। जैसे ही ये वस्तुएं आपके सामने आएंगी, आपके अंदर घृणा का भाव जाग्रत हो जाएगा। अनेक बार क्रोध की घटना को आपका चेतन मन तो भुला देता है, लेकिन अचेतन मन में उसके दबे रह जाने से वह घटना बाहर आने को लगातार दबाव डालती रहती है और इस प्रकार आपके मन में घृणा स्थायी रूप में पैदा होने लगती है, जबकि आपको इसका अहसास तक नहीं होता कि यह घृणा क्यों पैदा हो रही है। वस्तुतः आप मूल घटना को भूल चुके होते हैं। यही अवस्था अधिक समय तक रहने पर दूषित मनोवृत्ति या मानसिक रोग कहलाती है। इस प्रकार के मानसिक रोगों का इलाज तब तक संभव नहीं हो सकता, जब तक कि मूल घटना को आप याद न कर लें। इसीलिए मनोचिकित्सक मनोरोग के इलाज के लिए उस मूल कारण को अचेतन मन से चेतन मन में लाने का प्रयास करते हैं, जिससे मनोरोग पैदा हुआ है। यह पद्धति मनोचिकित्सा पद्धति कहलाती है।

क्रोध की एक खासियत और है कि क्रोध सदैव ऊपर से नीचे की ओर बहता है। उदाहरण के लिए यदि आप के मन में किसी शक्तिशाली व्यक्ति के प्रति क्रोध उत्पन्न हो गया है, आप जानते हैं कि इस क्रोध की अभिव्यक्ति आपके लिए हानिकारक हो सकती है, तो आप उस व्यक्ति से कुछ नहीं कह पाएंगे। अपने क्रोध को दबा लेंगे और उसे किसी ऐसे व्यक्ति पर व्यक्त करेंगे, जो आपसे नीचा हो, कमजोर हो...जैसे आफिस का चपरासी, घर में पत्नी या फिर बच्चे। मगर सदैव ध्यान रखें कि जैसे आपने अपने क्रोध को अपने से कमजोर व्यक्ति पर व्यक्त किया है, साथ ही ताकतवर व्यक्ति के प्रति आपकी घृणा कम नहीं हुई है, वैसे ही आपसे कमजोर व्यक्ति आपके क्रोध का मुकाबला तो नहीं कर पाएगा, किन्तु आपके प्रति घृणा से अवश्य भर जाएगा और जब भी उसे अवसर मिलेगा, बदला लेने से नहीं चूकेगा। अतः एक बार पैदा हुआ क्रोध देर-सबेर नुकसान अवश्य पहुंचाता है। यदि यह बाह्य रूप से प्रकट होता है, तो लड़ाई-झगड़े और दुश्मनी के रूप में आपको शारीरिक, मानसिक तथा भौतिक नुकसान पहुंचाता है और यदि

यह दबा दिया जाता है, तो मनोरोगों के रूप में प्रकट होकर आपके मानसिक स्वास्थ्य के लिए गंभीर खतरा पैदा कर सकता है। अतः क्रोध से सदैव बचें।

क्रोध से बचने का सर्वश्रेष्ठ तरीका है कि यदि आपको लगता है कि विशेष परिस्थिति में आपका क्रोध करना जरूरी है, तो पूरी शक्ति के साथ उस परिस्थिति का मुकाबला करें। यदि मुकाबला नहीं कर सकते, तो फिर उस घटना का निर्णय ईश्वर पर छोड़कर स्वयं क्रोध से मुक्त हो जाएं।

क्षमा क्रोध का विरोधी भाव है। अतः क्षमा दान के द्वारा भी आप क्रोध से बच सकते हैं। क्षमा करने की यह प्रवृत्ति आपको क्रोध करने से रोकेगी।

क्रोध से निबटने का एक और उपाय है–विरोध प्रदर्शन। अर्थात् यदि आप अपने शत्रु को अपने से अधिक शक्तिशाली समझते हैं और सीधे शक्ति परीक्षण में नहीं उतर सकते, तो उसके विरोध में शांत स्वभाव से विरोध प्रदर्शन करें और नैतिक रूप से उसे अपने सामने झुकने पर विवश कर दें। राष्ट्रपिता महात्मा गांधी ने स्वतंत्रता संग्राम में अंग्रेज़ों के खिलाफ असहयोग आंदोलन चलाकर अपने क्रोध को एक सर्जनात्मक रूप दिया था। इससे अंग्रेज़ शक्तिशाली होते हुए भी उनके विरोध प्रदर्शन के सामने सिर नहीं उठा सके। किंतु यह बड़े आत्म-विश्वास और दृढ़ता का कार्य है।

निष्कर्षतः क्रोध व्यक्ति और समाज के लिए विध्वंसकारी ही सिद्ध होता है। अतः जहां तक संभव हो, क्रोध जैसे भयानक शत्रु से सदैव अपने आपको सजग रखें। प्रयास करें कि क्रोध का आवेश उत्पन्न न हो। यदि क्रोध करने के अतिरिक्त कोई विकल्प ही न हो तो क्रोध को या तो विवेकपूर्ण ढ़ंग से व्यक्त करें या फिर क्षमा आदि के माध्यम से उसका शमन कर दें। किसी भी दशा में क्रोध का दमन न करें। क्रोध का दमन आपके मन और मस्तिष्क को विकारग्रस्त कर देगा। क्रोध का शमन जहां आपके अंदर सहनशक्ति बढ़ाएगा, वहीं क्रोध के द्वारा विध्वंस को रोक कर सर्जन को बढ़ावा देने की प्रवृति आपको आत्मविश्वास से भर देगी। इससे आप सफल, सुरक्षित, शांत और आनंदपूर्वक जीवन जी सकेंगे।

5

आलस्य सफलता का शत्रु है

- *आलस्य आपके लिए मृत्यु है और केवल उद्योग ही आपका जीवन है।*

—स्वामी रामतीर्थ

- *आलस्य, पत्नी सेवा, रोगी रहना, जन्मभूमि का स्नेह, संतोष और भीरुता ये छः बातें प्रगति में बाधक हैं।*

—हितोपदेश

- *देवता यज्ञकर्ता, पुरुषार्थी तथा भक्त को चाहते हैं, आलसी से प्रेम नहीं करते।*

—ऋग्वेद

इंद्रियों के आनंद के लिए जीवन के यथार्थ से मुख मोड़ लेना और सच की अनदेखी करके दैहिक सुख में डूब जाना आलस्य कहलाता है। आपको सुबह पांच बजे ट्रेन पकड़कर बाहर जाना है। कार्य बहुत महत्त्वपूर्ण है। आप रात को यह सोचकर सोते हैं कि सुबह समय पर तैयार होकर स्टेशन पहुंच जाएंगे। आपका विवेक ठीक चार बजे आपकी चेतना के द्वार खटखटा देता है। आप जाग जाते हैं, लेकिन मौसम बहुत सुहावना है, जोरों से नींद आ रही है, शरीर चाहता है कि थोड़ी देर और सो लें बड़ा आनंद आ रहा है। आप अपने जरूरी काम को भुलाकर चद्दर तानते हैं और सो जाते हैं। विवेक बार-बार आपको जगाता है और शरीर नीद के आनंद के लोभ में बार-बार आपको सोने की सलाह देता है। आप सो जाते हैं। सुबह जब आंख खुलती है, तब तक आपकी ट्रेन मीलों दूर जा चुकी होती है। आपको जिस समय, जिस स्थान पर पहुंचना था, नहीं पहुंच पाते हैं। कार्य का समय निकल जाता है। आप एक महत्त्वपूर्ण कार्य के बिगड़ जाने के कारण दुख से भर उठते हैं। निराश हो जाते हैं एक जरा से आनन्द के लिए

अपने उद्देश्य से भटक जाते हैं क्योंकि जब कार्य आपने किया ही नहीं, तो सफलता मिलेगी कहां से ? और असफलता का यह भाव आपको कुंठित कर जाता है। यही तो है आलस्य, जो आपकी सफलता को खा गया, आपकी प्रतिभा को कुंठित करके आपको पलायनवादी बना गया, आपको दुःख की खाईं में ढकेल गया। आपको निराशा के दलदल में धंसा गया। इससे बड़ा और कौन-सा दुश्मन होगा आपका ?

हमारा शरीर, मन, बुद्धि और विवेक सभी आनंद चाहते हैं। सभी सुख चाहते हैं। शरीर और मन का सुख तात्कालिक सुख है और बुद्धि तथा विवेक का सुख कार्य की सफलता में निहित है, जिसके परिणाम दूरगामी होते हैं। देर से मिलते हैं। इसलिए जो सुख हमें तात्कालिक रूप से मिल रहा है, उसे हम अधिक पसंद करते हैं, अधिक महत्त्व देते हैं। जबकि विचारवान् व्यक्ति बुद्धि के ठोस निर्णयों के आधार पर पाने वाले दूरगामी, किंतु स्थायी सच को, स्थायी सुख को अधिक महत्त्व देते हैं। किंतु विचारों के अनुरूप आचरण के लिए हमें शरीर के सुख का मोह अर्थात् आलस्य त्यागना होगा, जिसे आलसी व्यक्ति त्यागना नहीं चाहते।

हमारी इंद्रियां स्वाभाविक रूप से विलासप्रिय हैं, आनंद का भोग करने वाली हैं, हर समय सुख चाहती हैं। आंखें सुंदर दृश्य देखना चाहती हैं, तो कान मधुर वाणी या ध्वनि सुनना चाहते हैं। हाथ या त्वचा कोमल वस्तुओं का स्पर्श सुख चाहती है, तो जीभ मधुर पदार्थों का रसास्वादन करना चाहती है। मन इंद्रियों का स्वामी है। स्वभाव से बड़ा चंचल और विलास-प्रेमी है। इंदियों के बहकावे में आकर सदैव, सुंदर और आरामदायक स्थितियों को तलाश करता है और उनमें रम जाना चाहता है, लेकिन जीवन की सच्चाई यह है कि यहां सभी कुछ 'सुखदायक' नहीं है। अच्छा नहीं है। यहां अच्छाई के साथ बुराई भी है। सुख के साथ कष्ट और दुःख भी हैं। मन इन कष्टों और दुःखों से भागना चाहता है। आलस्य मन को इसी भागने में मदद करता है, इसलिए मन और इंद्रियों को आलस्य बहुत प्रिय है।

बुद्धि और विवेक, परिस्थिति के संदर्भ में व्यक्ति का मूल्यांकन करते हैं और वह रास्ता खोजना चाहते हैं, जिसका सुख स्थायी हो, जो भविष्य की परेशानियों से हमें बचा सके और एक सफल तथा प्रतिष्ठित जीवन दे सके। इसके लिए बुद्धि ऐसे कार्यों की ओर हमें प्रेरित करती है, जो जीवन के यथार्थ का मुकाबला करने में सक्षम हों। लेकिन आलस्यवश हम बुद्धि और विवेक के इन सुझावों को जानबूझकर ठुकराते चलते हैं और मन के आनंद में डूबते उतराते रहते हैं। होश तब आता है, जब मन के सुख का काल्पनिक संसार यथार्थ से टकराकर चूर-चूर हो जाता है। किंतु तब तक समय निकल चुका होता है। सफलता की ट्रेन हमें

मीलों पीछे छोड़ चुकी होती है। इसलिए आलस्य के प्रश्न पर जरा गंभीरता से विचार करें।

अधिकांश बच्चों में आलस्य का बीज माता-पिता की लापरवाही से पड़ता है। जहां तक आलस्य के बीजारोपण का प्रश्न है, तो यह गर्भावस्था में ही बच्चे के मस्तिष्क में रोप दिया जाता है। अधिकांश महिलाएं गर्भावस्था को जीवन की एक सामान्य और स्वाभाविक अवस्था से अलग की अवस्था मानती हैं। गर्भ में शिशु के विकास के साथ-साथ माता के शरीर में विशेष परिवर्तन होते हैं। माता को दिए गए भोजन से शिशु का विकास होता है और दूसरे शिशु के विकास के साथ माता के पेट में वजन बढ़ने से आलस्य बढ़ता है। ऐसी अवस्था में माता भरपूर भोजन नहीं कर पाती है। भोजन में कमी या भोजन में आवश्यक तत्त्वों की कमी, उसकी कार्य क्षमता में शिथिलता लाती है। इसका सीधा प्रभाव शिशु पर पड़ता है। भोजन में आवश्यक तत्त्वों की पूर्ति न हो पाने से उसका शारीरिक विकास बाधित होता है। कमजोरी के कारण माता आलस्य में रहती है और उधर शारीरिक कमजोरी के कारण पैदा होने वाले बच्चे के शरीर में भी आलस्य बना रहता है। यदि जन्म से पहले और बाद में शिशु को पर्याप्त भोजन न मिले, तो शरीर में आवश्यक तत्त्वों की कमी उसे कमजोर और आलसी बना देती है।

दूसरी स्थिति में गर्भावस्था में ही बहुत से परिवारों में महिलाओं को पर्याप्त भोजन तथा आराम करने की सलाह दी जाती है। घर के सदस्य नव-आगंतुक शिशु के स्वस्थ होने की कामना में इतने भाव-विह्वल होते हैं कि वे गर्भवती स्त्री को काम ही नहीं करने देते। माता के अत्यधिक आराम करने के कारण बच्चे की मांसपेशियां और अस्थियां कमजोर रह जाती हैं, जिससे बच्चा आलसी और कमजोर रह जाता है।

जन्म के बाद परिवार के सदस्य लाड़-प्यार के नाम पर अनजाने में ही बच्चे में आलस्य के बीज बो देते हैं। जहां तक बच्चे की मौलिक आवश्यकताओं की पूर्ति का प्रश्न है, तो वह उसका जन्मसिद्ध अधिकार है। बच्चे की आवश्यकताओं की पूर्ति होनी ही चाहिए, किंतु अत्यधिक प्यार के कारण बच्चे को देर तक सोने देना, उसकी दिनचर्या को अव्यवस्थित कर देना, बच्चा जब जो जिद करे उसे पूरी कर देना, उसके सोने, जागने, खाने, पीने की नियमित आदतें न डालना, भविष्य में बच्चे को लापरवाह और आलसी बनाकर उसमें पड़े आलस्य के बीज को पल्लवित करने का कारण बनती है। इसलिए विशेष रूप से इस बात का ध्यान रखें कि गर्भावस्था में माता की उचित देखभाल अवश्य करें, किंतु उसे सामान्य कार्यों से रोक कर या अधिक आराम करने पर मजबूर करके आने वाले बच्चे का भविष्य न बिगाड़ें और न ही बच्चे को अत्यधिक लाड़-प्यार देकर उसे आलसी बनाकर

उसके जीवन के साथ खिलवाड़ करें। आपका अतिशय प्रेम बच्चे के संतुलित विकास के लिए खतरनाक साबित हो सकता है। बच्चे को प्रेम अवश्य करें, लेकिन इस तरह नहीं कि वह आलसी बन जाए और स्वयं अपने ऊपर ही बोझ बन जाए।

कुछ बच्चों में आलस्य की यह प्रवृत्ति युवावस्था में पनपती है। युवावस्था में भी इस आलस्य के पैदा होने के दो ही कारण प्रमुख होते हैं—पहला कारण तो यह कि युवावस्था में बच्चे के शरीर में विशेष परिवर्तन होते हैं। लड़कों में पुरुषत्व और लड़कियों में नारीयत्व के गुण विकसित होने लगते हैं। इस अवस्था में यौनांगों के विकास और यौन संवेदनाओं के तूफानी उबाल के कारण बच्चे प्रायः काल्पनिक दुनिया में विचरण करते हैं या दिवास्वप्नों में खोए रहते हैं। काम संवेदना का यह तूफान इतना अधिक प्रभावी होता है कि अन्य सभी संवेदनाओं को लगभग दबा देता है। परिणाम यह होता है कि बच्चा रात-दिन हसीन सपनों में खोया रहता है और जीवन की सच्चाई के प्रति, यथार्थ के प्रति पलायनवादी होता जाता है। अन्य सभी कार्यों को गौण समझता है और धीरे-धीरे यह प्रवृत्ति उसमें आलस्य के पौधे को फूलने-फलने के लिए खाद, पानी का काम करती है।

ध्यान रखें कि युवावस्था में शरीर में एक अजीब उत्तेजना व्याप्त रहती है। हारमोंस के विशेष परिवर्तनों के परिणामस्वरूप मन में उत्साह, आशा, आत्मविश्वास, साहस आदि की भावनाएं भी बड़ी प्रबल होती हैं। माता-पिता यदि समझदार हैं, तो बच्चे की इन भावनाओं को सही दिशा देकर, उसे एक योग्य तथा कर्मठ नागरिक बना सकते हैं। आलस्य और निराशा के भंवर में डूबने से बचा सकते हैं। माता-पिता की जरा-सी अज्ञानता, अवहेलना या लापरवाही बच्चे के जीवन को चौपट कर सकती है। अतः इस अवस्था में बच्चे पर विशेष ध्यान दें।

इस अवस्था में बच्चे में आलस्य के पैदा होने का दूसरा कारण दिवास्वप्नों के कारण कर्म से विमुखता या सच्चाई से पलायन करने की प्रवृत्ति होती है। बच्चा यदि प्रमादवश या इंद्रियों के सुख के कारण आलस्य में डूबा रहता है, तो वह उचित अवसर पर उचित कर्म नहीं कर पाता है। कर्म न करने से अपने उन उद्देश्यों या लक्ष्यों को प्राप्त करने में विफल रहता है, जो उसके मन की कल्पना ने बुने हैं। परिणामतः यह असफलता बच्चे के मन में निराशा भर देती है। उसे सच्चाई से भागने वाला बना देती है और बदनामी के डर से बच्चा कार्यों में रुचि नहीं लेता तथा धीरे-धीरे आलसी बनता जाता है।

ऐसे आलसी बच्चे मन की संतुष्टि और सामाजिक बदनामी से बचने के लिए अपनी असफलताओं की जिम्मेदारी प्रायः दूसरों के ऊपर डालकर सुरक्षित हो जाना चाहते हैं। स्कूल समय पर न पहुंचने के लिए साइकिल खराब होने

का बहाना बनाना, परीक्षा में अंक कम आने पर शिक्षक की योग्यता, उसके पढ़ाने के ढंग में दोष निकालना जैसे बड़े खूबसूरत बहाने खोजते हैं और अपनी असफलता की जिम्मेदारी इन बहानों पर डालकर स्वयं को सुरक्षित करने का प्रयास करते हैं। जबकि उनका विवेक भली प्रकार जानता है कि वे झूठ बोल रहे हैं। धीरे-धीरे यही प्रवृत्ति उन्हें झूठ बोलने का आदी, आलसी और निकम्मा बना देती है।

युवा अवस्था में आलस्य का एक और कारण देखने में आता है और वह है, अति महत्त्वाकांक्षी होना तथा अपने ऊपर सीमा से अधिक भरोसा करना। ऐसे अति महत्त्वाकांक्षी बच्चे अपनी आकांक्षाओं के विफल होने पर लापरवाही का खोल ओढ़ लेते हैं तथा अपने ऊपर हद से ज्यादा भरोसा रखने वाले बच्चे इसलिए सही समय पर कार्य नहीं करते, क्योंकि उन्हें भरोसा होता है कि वे अन्य बच्चों की अपेक्षा अपना कार्य जल्दी पूरा कर लेंगे। अन्य बच्चे यदि परीक्षा 3 घंटे में देते हैं, तो वे दो घंटे में इसे कर लेंगे। दूसरे बच्चे किसी कार्य को एक घंटे में करते हैं, तो वे आधा घंटे में पूरा कर लेंगे, उनका यही झूठा आत्मविश्वास उन्हें आलसी बना देता है।

ऐसे बच्चों के मन का यदि विश्लेषण किया जाए, तो यह साफ पता चल जाएगा कि वस्तुतः इन बच्चों में यश पाने की लालसा बड़ी तीव्र होती है और ये दूसरों को आश्चर्यचकित करके यश पाना चाहते हैं।

उदाहरण के लिए ऐसे बच्चों को भली प्रकार पता होता है कि परीक्षा प्रातः 7 बजे आरंभ होनी है, लेकिन ये जान-बूझकर देरी से इसलिए परीक्षा भवन में पहुंचते हैं कि अध्यापक, सहपाठियों, संबंधियों तथा परिवार जनों पर यह प्रभाव पड़ सके कि देखो बच्चा कितना होशियार है। आधा घंटा लेट आया और फिर भी परीक्षा में सबसे अच्छे अंक लाने की क्षमता रखता है। इनकी यही यश-लिप्सा अर्थात् तारीफ पाने की प्रवृत्ति इन्हें आलसी बनाती है।

आलस्य एक ऐसी विष बेल है, जिसका यदि एक बार बीजारोपण हो जाए तो यह जीवन भर के लिए हमारे मन और मस्तिष्क को जकड़ लेती है। एक बार यदि आलसी बनने की शुरुआत हो जाए, तो फिर पूरे जीवन यह प्रवृत्ति पीछा नहीं छोड़ती। अतः आलस्य जैसे बुरे मनोभाव को, झूठे आत्मविश्वास का खोल ओढ़ाकर सद्गुण में बदलने की प्रवृत्ति से बचें। आलस्य एक नकारात्मक और व्यक्तित्व के विकास के लिए घातक प्रवृत्ति है। इसे इसी रूप में लें और जहां तक हो सके, इससे प्रारंभ में ही बचें। यदि आपके अंदर आलस्य का बीजारोपण हो गया है, तो विवेक से इसके विषैले वृक्ष को जड़ से उखाड़ फेंकें। झूठी शान के लिए इस दुर्गुण को अपने व्यक्तित्व का हिस्सा न बनाएं।

जीवन में सच्ची सफलता पाने और सच्ची प्रतिष्ठा पाने के लिए आलस्य का त्याग करना परम आवश्यक है। हमारे यहां तो आरंभ से ही आलस्य को त्यागने तथा जीवन में जागरूकता लाने पर विशेष बल दिया गया है। खासकर युवावस्था में या विद्यार्थी जीवन में तो आलस्य को कभी पास नहीं फटकने देना चाहिए, क्योंकि यह अवस्था भावी जीवन को सुखद बनाने के लिए तपस्या की अवस्था होती है। अतः इस अवस्था में जितना जागरूक हुआ जा सके, भविष्य के लिए उतना ही हितकर है। इसी धारणा के कारण विद्यार्थी के गुणों का वर्णन करते हुए संस्कृत में लिखा गया है कि विद्यार्थी में निम्नांकित पांच गुणों का होना परम आवश्यक है।

काक चेष्टा वको ध्यानं, श्वान निद्रा तथैव च।
अल्पाहारी, गृहं त्यागी, विद्यार्थी पंच लक्षणम्॥

अर्थात् विद्यार्थी को कौए की सतर्कता की तरह सदैव कार्य के प्रति सतर्क रहना चाहिए। उसका ध्यान उस बगुले की तरह होना चाहिए, जो मछली को पकड़ने के लिए भरे तालाब में शांत, एकाग्रचित्त और धैर्य के साथ खड़ा रहता है तथा उचित अवसर पाते ही मछली को निगल लेता है। इसके लिए विद्यार्थी को बगुले जैसी सतर्कता रखनी चाहिए और अपने मछली रूपी लक्ष्य को सामने आते पकड़ लेना चाहिए, श्वान अर्थात् कुत्ते की निद्रा की तरह सदैव चौकन्ना रहते हुए सोना चाहिए और निद्रा को त्यागने में कभी आलस्य नहीं करना चाहिए। इसके साथ ही अधिक भोजन भी आलस्य का कारण है और घर के प्रति मोह भी व्यक्ति को आलसी बना देता है। इसलिए आलस्य उत्पन्न करने वाली इन सभी प्रवृत्तियों को तत्काल छोड़ देना चाहिए। खासकर विद्यार्थियों और सफलता की आशा रखने वाले व्यक्तियों को सदैव ध्यान रखना चाहिए कि यह आलस्य ही है, जो आपकी सफलता का शत्रु है, जो आपकी प्रगति में बाधक है। अतः यदि आप जीवन में सफलता और सम्मान पाना चाहते हैं, तो अन्य हानिकारक मनोभावों की तरह आलस्य के बुरे मनोभाव को भी अपने मन और मस्तिष्क से तत्काल निकाल फेंकें और सतर्क कर्मयोगी की तरह अपने कार्य में जुट जाने की आदत डालें।

6

निराशा : पराजय का संकेत

- *निराशा निर्बलता का चिह्न है।*

–स्वामी रामतीर्थ

- *निराशा में जीवन के बहुमूल्य तत्त्व नष्ट हो जाते हैं। इससे विजय के बहुत-से अवसर खो जाते हैं।*

–स्वेट मार्डेन

- *जो मनुष्य निरुत्साह, दीन और शोकाकुल रहता है, उसके सब काम बिगड़ जाते हैं और वह बहुत बड़ी विपत्ति में फंस जाता है।*

–बाल्मीकि रामायण

निराशा का शाब्दिक अर्थ है–आशा का समाप्त हो जाना। आशा मन की एक सकारात्मक भावना है, जो मनुष्य में जीने की इच्छा जगाती है और जीवन को आनंद से भर देती है। आशा मन की प्रबल शक्ति है। यह आशा ही तो है, जो हमारी इंद्रियों को क्रियाशील और बुद्धि को सजग बनाए रखती है। मन को उमंग और उत्साह से भरे रखती है। जिस घड़ी यह आशा टूटती है अर्थात् मन पर निराशा का साम्राज्य स्थापित हो जाता है, उसी घड़ी इंद्रियों की क्रियाशीलता, मन का उत्साह और बुद्धि की सजगता भी समाप्त हो जाती है। शरीर के अंग निढाल हो जाते हैं, मन दुःख और अवसाद से भर जाता है, बुद्धि और विवेक कुंठित तथा विमूढ़ हो जाते हैं। तन, मन और बुद्धि की कुंठा जीवन को असफलताओं के भयावह दलदल में ढकेल देते हैं। आशाहीन मनुष्य का जीवन नर्क से भी बदतर हो जाता है। आशा की इस प्रबल शक्ति को साधारण व्यक्ति भी भली प्रकार समझता है। तभी तो हमारे लोक जीवन में 'आशा ही जीवन है' या 'जब तक आशा तब तक श्वांसा' जैसी सारगर्भित लोकोक्तियां प्रचलित हैं।

सामान्यतः हताशा निराशा का पर्यायवाची शब्द लगता है, किंतु इन दोनों में बड़ा अंतर है। हत् का अर्थ है टूटना, चोट पहुंचाना आदि। इस प्रकार 'हताशा' का अर्थ हुआ आशा का टूट जाना, कमजोर पड़ जाना या आशा में बाधा पड़ना, जबकि निराशा शब्द में निर् उपसर्ग नकारात्मक है, जिसका अर्थ है—'नहीं'। इस प्रकार निराशा का अर्थ हुआ आशा का पूरी तरह समाप्त हो जाना।

जिस प्रकार आशा मन की सकारात्मक शक्ति है, ठीक इसके विपरीत निराशा मन की नकारात्मक शक्ति है। आशा के जितने गुण हैं, निराशा के उतने ही अवगुण। आशा यदि जीवन देने और उसे आनंद में सराबोर करने की शक्ति रखती है, तो निराशा जीवन को छीन लेने तथा उसे दुःख में डुबो देने की सामर्थ्य रखती है। इस प्रकार आशा और निराशा मन की दो परस्पर विरोधी भावनाएं हैं और इसी रूप में यह हमारे तन, मन और बुद्धि पर एक दूसरे के विपरीत प्रभाव डालती हैं।

निराशा का हमारे मस्तिष्क की क्रियाशीलता पर बहुत बुरा प्रभाव पड़ता है। मस्तिष्क का प्रमुख गुण है विचार करना, उस विचार के आधार पर निर्णय लेना और निर्णयों का शरीर से पालन कराना। निराशा मस्तिष्क के इन तीनों ही गुणों को नष्ट कर देती है। निराश व्यक्ति न तो किसी तथ्य विशेष या समस्या पर विवेक पूर्ण विचार कर पाता है, न कोई ठोस निर्णय ले पाता है। फिर शरीर से निर्णय का पालन कराना तो दूर की बात रही।

निराशा मन पर भी बुरा प्रभाव डालती है। मन का कार्य है बुद्धि द्वारा लिए गए निर्णयों को ऊर्जा प्रदान करना अर्थात् विचारों को भावों में बदल देना है। विचार जब ऊर्जा प्राप्त कर लेते हैं, तो शक्तिशाली भावों की श्रेणी में आ जाते हैं। यह भावों की तीव्रता ही हमारे अंगों द्वारा प्रदर्शित होती है। निराशा मन के सकारात्मक भावों को नष्ट करके नकारात्मक भावों में बदल देती है। उत्साह, विश्वास और सुख का दमन करके मन को निरुत्साह और विश्वासहीनता में डुबो देती है। आत्म गौरव के स्थान पर कुंठाओं को बढ़ा देती है, जिससे व्यक्ति सुख के स्थान पर दुःख में डूबता जाता है।

निराशा हमारे शरीर की क्रियाशीलता पर भी बहुत बुरा प्रभाव डालती है। मस्तिष्क की विवेकहीनता या निर्णयहीनता और मन की उत्साह हीनता शरीर के अंगों को कार्य करने के लिए प्रेरित नहीं कर पाती। इस प्रकार हमारे अंग निष्क्रिय होकर कर्म से दूर हटते जाते हैं और कर्महीनता की अवस्था में सफलता पाने की चाह कोरी कल्पना मात्र बनकर रह जाती है। इस प्रकार निराशा के कारण असफलता हर कदम पर हमारा पीछा करती है और हम बार-बार असफल होकर अपना आत्मविश्वास खो बैठते हैं।

निराशा किसी भी ज्ञानेंद्रिय के माध्यम से शरीर में अर्थात् मन-मस्तिष्क में प्रवेश कर जाती है। आपने प्रायः सुना होगा कि अमुक व्यक्ति ने जैसे ही अपनी असफलता का समाचार सुना, तो उसे दिल का दौरा पड़ गया और उसकी मृत्यु हो गई। हमारे एक परिचित लाटरी का धंधा करते थे। लाटरी की टिकटें बेचते-बेचते एक बार उन्हें भी लाटरी लगाने की सूझी। शुरुआत में थोड़े-थोड़े पैसे से टिकटें खरीदीं। कभी नफा, तो कभी नुकसान होता रहा। धीरे-धीरे उन्हें एक बार यह भ्रम हो गया कि कल एक विशेष नंबर निकलने वाला है। उन्होंने घर के तमाम पैसे जुए में लगा दिए, फिर भी मन नहीं भरा तो मित्रों से उधार लेकर पैसा दांव पर लगा बैठे। दूसरे दिन वह नंबर नहीं निकला। यह खबर सुनते ही उनके मन-मस्तिष्क पर इतना बुरा प्रभाव पड़ा कि मानसिक रूप से विक्षिप्त हो गए।

एक और ऐसे सज्जन को हमने शाम के समय सड़क पर टहलते देखा, जो देखने में सामान्य दिखाई देते थे। वेशभूषा नवाबी होती थी और दो नौकर साथ टहलते थे। वे सज्जन टहलते समय अचानक आक्रामक हो उठते, तो कभी दुबक कर दीवार की आड़ में छिप जाते और हाथों को ऐसे कसते जैसे बंदूक चला रहे हों। फिर दीवार की आड़ से धड़-धड़-धड़-धड़ का शब्द उच्चारण करते, जैसे गोलियां चला रहे हों। कभी 'मार दो-मार दो' कहकर चीखते, तो कभी 'बचाओ-बचाओ' की आवाज लगाते। नौकरों से पूछने पर पता चला कि वे एक युद्ध के दौरान दो देशों की सेनाओं के बीच घिर गए थे। युद्ध में उनके परिवार का नाश हो गया। उन्होंने अपने परिवार को अपनी आंखों से मरते देखा था और इसी दृश्य ने जीवन के प्रति उनके मन को भय और निराशा से इतना अधिक भर दिया कि मानसिक रूप से विक्षिप्त हो गए। लाख इलाज करा लेने के बाद भी उनके मन में आशा की किरण नहीं चमकी। वे ठीक नहीं हो सके।

आंख से देखे दृश्यों या कान से सुनी घटनाओं के माध्यम से ही व्यक्ति स्वयं को सुरक्षित या असुरक्षित अनुभव करता है और यह भावना ही मन में उठे निराशा के ज्वार में ऊंची-ऊंची तरंगें उठा देती है। कभी-कभी तो यह कल्पना शक्ति इस प्रकार की भूमिका निभाती है कि आधारहीन घटनाओं को प्रत्यक्ष कर के व्यक्ति को निराशा के गर्त में डुबो देती है। व्यक्ति को चिंता तथा तनाव का शिकार बना देती है।

एक संवेदनशील व्यक्ति को एक दिन टेलीफोन पर किसी ने धमकी दे दी कि जल्दी ही उसकी हत्या कर दी जाएगी। यह शब्द सुनते ही वह व्यक्ति इतना निराश हो गया कि टेलीफोन की घंटी तक से डरने लगा। टेलीफोन की

घंटी लगातार बज रही है, लेकिन वह व्यक्ति टेलीफोन नहीं उठाता। सिर्फ इस भय से कि फिर कहीं वही धमकी-भरी आवाज सुनने को न मिले। यह दशा निराशा जनित काल्पनिक भय के कारण हुई। अचानक घर में दूसरे व्यक्ति के आने पर उसने फोन उठाया, तो आवाज घनिष्ठ मित्र की थी और जब उस घनिष्ठ मित्र ने हंसते हुए कहा कि कहिए मान्यवर, मौत की खबर से डर गए न ? तब जाकर उस व्यक्ति की जान में जान आई।

कल्पना द्वारा पैदा होने वाली निराशा के उदाहरण स्वरूप आप उन लोगों को देख सकते हैं, जिनका कोई प्रियजन बाहर गया हुआ है। उन्हें सिर्फ इसलिए चैन नहीं पड़ रहा कि वे सोचते हैं कि कहीं मेरे प्रिय व्यक्ति का अहित न हो जाए। बस, यही कल्पना उनमें इतनी निराशा और भय उत्पन्न कर देती है कि खाना-सोना सब जाता रहता है और जब तक प्रियजन की कुशलता का समाचार नहीं मिल जाता, वे निराशा के घेरे में घिरे रहते हैं। प्रियजन के अहित की कल्पना में डूबे रहते हैं।

निराशा का यह दुष्प्रभाव मन और मस्तिष्क के साथ-साथ शरीर पर भी विशेष बुरा प्रभाव डालता है। कभी-कभी तो यह प्रभाव इतना हानिकारक होता है कि शरीर के अंग स्थायी रूप से रोगी हो जाते हैं।

बुझा-बुझा-सा चेहरा, माथे पर चिंता की रेखाएं, हाथ-पैरों में कंपन, वजन घटना आदि बाहर से दिखाई देने वाले लक्षण तथा शरीर के किसी अंग विशेष का कार्य करना बंद कर देना, भोजन ढंग से न पचना, तेजाब बनना, पेट दर्द, रक्तचाप घटना या बढ़ना, दिल के रोग और त्वचा के अनेक रोग आदि भी निराशा की ही देन होते हैं।

निराशा के कारण मस्तिष्क में चिंता पैदा होती है। यह चिंता मस्तिष्क को तनाव में ला देती है। मानसिक तनाव, शरीर की मांसपेशियों में तनाव पैदा कर देता है और शरीर के जिस अंग की मांसपेशियों में भी यह तनाव बराबर बना रहता है, वही अंग अधिक थकान, दर्द, पीड़ा का अनुभव करता है। यदि समय पर उपचार नहीं किया जाए, तो निराशाजनित यह मानसिक तनाव शरीर में अनेक प्रकार के रोग पैदा कर देता है, उन्हें विकृत तक कर सकता है। शरीर के अंगों में आयी यह विकृति जितनी पुरानी होती जाती है, उसे दूर करने में उतना ही अधिक समय और श्रम लगता है।

निराशाजनित मानसिक तनाव से पैदा रोगों के लक्षण शरीर में स्पष्ट दिखाई देते हैं, किंतु इन रोगों का इलाज शारीरिक चिकित्सा प्रणाली द्वारा नहीं हो पाता। बाह्य चिकित्सा ऐसे रोगों को कुछ समय तक दबा सकती है, किंतु निराशा के

लगातार बने रहने पर यह रोग बार-बार उभरते रहते हैं और जब तक निराशा के वास्तविक कारणों को ठीक नहीं कर दिया जाता, ये रोग भी दूर नहीं हो पाते।

उदाहरण के लिए एक व्यक्ति लंबे समय से पेट के अल्सर से परेशान है। वह डॉक्टर के पास गया। अपनी परेशानी बताई। डॉक्टर ने शारीरिक परीक्षण के बाद पाया कि उसके पेट में वास्तव में अल्सर है। लंबे समय तक इलाज किया गया, मगर पेट का अल्सर ठीक नहीं हो सका। दरअसल इस व्यक्ति को पेट का यह अल्सर निराशाजनित मानसिक तनाव के कारण था।

बहुत परेशान होने के बाद यह व्यक्ति जब मनोचिकित्सक के पास गया, तो उसने पाया कि निराशा के कारण उक्त रोगी का आमाशय सदैव तनाव में रहता है। इसी तनाव के कारण आमाशय को रक्त भेजने वाली नलिकाओं में से कुछ बारीक रक्तवाहिनियां फट गई हैं और उनमें से खून रिसता है तथा उस स्थान पर घाव हो गया है। आमाशय में भोजन पचाने के लिए पहुंचने वाला हाइड्रोक्लोरिक अम्ल इस घाव में जलन पैदा करता है तथा घाव को और बढ़ा देता है। सामान्य चिकित्सक द्वारा दी गई दवाएं घाव को ठीक करती हैं, तब तक निराशा की उत्तेजना पुनः खून के दौरे को बढ़ाकर रक्तवाहिनियों को क्षतिग्रस्त कर देती है। परिणामतः अल्सर ठीक होने में नहीं आ रहा। अतः मनोचिकित्सक ने सबसे पहले उस व्यक्ति की निराशा को दूर करके आमाशय में पैदा होने वाले तनाव को रोका। इस तनाव के समाप्त होने के बाद ही दवाओं से वह जख़्म ठीक हो सका।

इस प्रकार हम देखते हैं कि निराशा यदि एक बार मन-मस्तिष्क में अपनी जड़ें जमा ले, तो वह मस्तिष्क और मन के साथ-साथ हमारे शरीर के आंतरिक तथा बाह्य अंगों पर भी बुरा प्रभाव डालती है। उन्हें रोगी बना देती है और ऐसे रोगों का सबसे पहला इलाज है निराशा के कारण को समझना, उसे दूर करना। निराशा का बुरा प्रभाव जीवन को बुरी तरह दुखी कर देता है। अतः जहां तक संभव हो सके, निराशा से बचना चाहिए और तन तथा मन को नीरोग और शांत रखना चाहिए वरना निराश मन जीवन को दुखों में डुबो देता है। व्यक्ति को बुरी तरह परेशान कर डालता है। उसे सदैव तनावग्रस्त रखता है, जिससे व्यक्ति कभी भी कार्य को पूरे मन और परिश्रम से नहीं कर पाता और असफलता तथा अपयश मिलने से सदैव दुखी रहता है। अतः निराशा त्यागें और जीवन को आशा के रंग में रंगकर सफल और सुखी बनाएं।

7

स्वास्थ्य के लिए घातक है अंतर्द्वंद्व

- जब मुझे सूझ नहीं पड़ता कि करूं या न करूं, तो मैं हमेशा कुछ काम करता हूं।

  —नेल्सन

- द्वंद्व को जीतने का उपाय द्वंद्व को मिटाना नहीं है, बल्कि द्वंद्वातीत होना, अनासक्त होना है।

  —महात्मा गांधी

- अंतर्द्वंद्व जीवन के लिए बहुत घातक है। इससे विवेक और निर्णय लेने की क्षमता नष्ट होती जाती है।

  —कालिदास

अंतर्द्वंद्व शब्द दो शब्दों से मिलकर बना है—अंतः और द्वंद्व। अंतः शब्द का अर्थ है—'भीतर' तथा द्वंद्व शब्द का अर्थ है—संघर्ष, लड़ाई, झगड़ा, टकराव, विवाद आदि। संघर्ष या टकराव दो समान शक्तियों में ही संभव है। क्योंकि यदि एक शक्ति कमजोर होगी, तो वह पराजित हो जाएगी और टकराव या संघर्ष समाप्त हो जाएगा। अतः दो या दो से अधिक समान शक्तिशाली भावों या विचारों में होने वाले टकराव को अंतर्द्वंद्व कहते हैं। यहां अंतर्द्वंद्व के साथ विचारों को खासकर इसलिए जोड़ा गया है, क्योंकि व्यक्ति या वस्तुओं का द्वंद्व तो बाह्य और प्रत्यक्ष होता है। विचारों या भावनाओं का द्वंद्व ही आंतरिक होता है।

अंतर्द्वंद्व के लिए यह तो आवश्यक है कि टकराने वाले विचार या भावनाएं दो या दो से अधिक हों तथा समान शक्तिशाली हों, किंतु यह आवश्यक नहीं कि दोनों एक दूसरे के विरोधी ही हों। दो या दो से अधिक समान शक्ति वाले लाभदायक विचारों या भावनाओं में भी अंतर्द्वंद्व हो सकता है।

मान लीजिए आपने नौकरी पाने के लिए अनेक परीक्षाएं दीं। सौभाग्य से तीन स्थानों से आपको नियुक्ति पत्र भी प्राप्त हो गए। इनमें एक स्थान ऐसा है, जिस पर नौकरी करने में आपकी प्रतिष्ठा बढ़ती है, दूसरा स्थान ऐसा है जहां प्रतिष्ठा तो सामान्य है, किंतु पैसा अधिक मिल रहा है और तीसरा स्थान ऐसा है जहां प्रतिष्ठा और पैसा दोनों ही कम हैं, किंतु कार्य आपकी रुचि का है। यहां तीनों ही स्थान लाभकारी है, किंतु फिर भी आपके अंदर एक द्वंद्व जन्म ले लेता है कि प्रतिष्ठा वाले स्थान को चुना जाए या पैसे वाले स्थान को या फिर दोनों को छोड़कर अपनी रुचि वाले स्थान को चुना जाए। परिस्थितियां ऐसी हैं कि आपको पारिवारिक रूप से पैसे की जरूरत है, सामाजिक स्तर पर आप प्रतिष्ठा चाहते हैं और व्यक्तिगत स्तर पर अपनी रुचि को भी समाप्त नहीं करना चाहते, तो बस अंतर्द्वंद्व के लिए बहुत बड़ा अखाड़ा तैयार है। आप लगातार सोच रहे हैं कि तीनों में से कौन-से स्थान को चुना जाए। आप मित्रों से सलाह लेते हैं, तो अधिकांश मित्र प्रतिष्ठा वाले पद को चुनने का सुझाव देते हैं। आप घर की ओर देखते हैं, तो पैसे की आवश्यकता सामने खड़ी हुई है और आप अपने मन को टटोलते हैं, तो पाते हैं कि मन किसी भी हालत में अपनी रुचि के स्थान को छोड़ना नहीं चाहता। ऐसी स्थिति में आप अंतर्द्वंद्व के चक्रव्यूह में फंस जाते हैं। आप कोई निर्णय नहीं कर पाते। प्रतिपल, प्रतिक्षण आपका मस्तिष्क और शरीर तनाव से भरा जा रहा है। आप परेशान होते चले जा रहे हैं। आप किसी निर्णय पर नहीं पहुंच पा रहे हैं। है न, सचमुच बड़ी घातक स्थिति।

ठीक यही स्थिति तब पैदा होती है, जब आप दो परस्पर विरोधी भावनाओं या विचारों के दो पाटों के बीच फंस जाते हैं। आपको किसी निकटस्थ व्यक्ति के यहां समारोह में जाना है। उस समारोह में आपको कुछ अति आवश्यक सामाजिक और नैतिक दायित्व निभाने हैं, किंतु जिस रिश्तेदार के यहां आपको जाना है, उनसे आपका गंभीर मन मुटाव है। आपका सामाजिक दायित्त्व आपको उस समारोह में सम्मिलित होने के लिए बाध्य करता है और आपके व्यक्तिगत मनमुटाव उस व्यक्ति के यहां जाने देने को तैयार नहीं है। परिणामस्वरूप आपके अंदर एक गंभीर अंतर्द्वंद्व पैदा हो जाता है। यदि समारोह में नहीं जाते हैं, तो सामाजिक दायित्व न निभा पाने पर सामाजिक निंदा सहनी होगी और यदि समारोह में जाते हैं, तो व्यक्तिगत अपमान। यहां एक ओर सामाजिक प्रतिष्ठा के धनात्मक और एक ओर व्यक्तिगत अपमान के ऋणात्मक विचारों और भावनाओं का द्वंद्व शुरू हो जाता है। आप जितना सोचते हैं, उतने ही तनावग्रस्त होते चले जाते हैं।

दो ऋणात्मक विचारों और भावनाओं में भी द्वंद्व के अवसर जीवन में आते हैं। आप एक शरीफ और सज्जन व्यक्ति हैं। किसी व्यक्ति विशेष से आपका झगड़ा हुआ और उसने आपका अपमान कर दिया। आप अपमान के कारण तिलमिला उठे। क्रोध से भर उठे। आपका जी चाहता है कि अपमान करने वाले व्यक्ति को तुरंत दंड दे डालें, उसका सर्वनाश कर डालें, किंतु आप में इस निर्णय को पूरा करने की क्षमता नहीं है। आपके परिचय क्षेत्र में कोई असामाजिक तत्त्व है, आपको ख्याल आता है कि क्यों न इस व्यक्ति द्वारा अपने प्रतिद्वंद्वी या शत्रु से बदला ले लिया जाए, किंतु आप जानते हैं कि जिस व्यक्ति की मदद आप लेना चाहते हैं, वह नीच प्रवृत्ति का व्यक्ति है। उसके साथ बैठना-उठना भी आपकी प्रतिष्ठा को समाप्त कर सकता है, फिर अपना काम लेने के लिए तो उससे अनुरोध करना पड़ेगा, घनिष्ठ संबंध बनाने पड़ेंगे। आप यह भी जानते हैं कि यह व्यक्ति कभी भी भविष्य में आपसे संबंधों का नाजायज लाभ उठा सकता है। मगर क्या करें, आप अपने अपमान की आग में जले जा रहे हैं। आप अपने शत्रु को सबक सिखाना ही चाहते हैं। बस शुरू हो गया दो नकारात्मक विचारों का संघर्ष। एक ओर अपमान की ज्वाला और दूसरी ओर एक बुरे आदमी से काम लेने के खतरे। आप द्वंद्व में फंस गए। आप प्रतिपल तनावग्रस्त होते जा रहे हैं और किसी भी निर्णय पर नहीं पहुंच पा रहे हैं।

इस प्रकार हम देखते हैं कि तनाव का आधार दो धनात्मक विचार भी हो सकते हैं और दो ऋणात्मक विचार भी तथा दो परस्पर विरोधी विचार भी अंतर्द्वंद्व पैदा कर सकते हैं। ये तीनों ही प्रकार के विचार कभी-न-कभी व्यक्ति को अंतर्द्वंद्व में डाल ही देते हैं। उसे गंभीर रूप से चिंता का शिकार बना देते हैं।

अंतर्द्वंद्व का सबसे घातक परिणाम है–तनाव। खासकर तब, जब आप किसी निर्णय पर नहीं पहुंच पा रहे हों तो यह तनाव लगातार बढ़ता जाता है और आपके मस्तिष्क से लेकर शरीर के अंग-प्रत्यंग को एक अजीब तरह के तनाव से ग्रसित कर देता है।

शरीर पर तनाव का घातक प्रभाव पड़ता है। तनाव के कारण शरीर के अंगों की मांसपेशियां तन जाती हैं। मांसपेशियों के तनाव की सूचना जब मस्तिष्क को पहुंचती है, तो मस्तिष्क भी परेशान हो उठता है और इन अंगों की मांग पर अधिक-से-अधिक रक्त की आपूर्ति करना शुरू कर देता है। तनाव की अवस्था में शरीर की मांसपेशियों को कार्य करते समय खर्च होने वाली ऊर्जा से कहीं अधिक ऊर्जा खर्च करनी पड़ती है, इससे मांसपेशियां बहुत जल्दी थक जाती हैं और व्यक्ति को हर समय थकान, अंगों की मांसपेशियों में ऐंठन तथा दर्द का

अनुभव होता रहता है। इस प्रकार अंतर्द्वंद्व से पैदा तनाव संपूर्ण शरीर को तनावग्रस्त करके बुरी तरह थका देता है और तनावग्रस्त अंगों में दर्द पैदा कर देता है।

अंतर्द्वंद्व की स्थिति यदि अधिक समय तक बनी रहे, तो तनाव भी निरंतर बना रहता है। शरीर के जिस अंग में भी लगातार तनाव रहता है, उसे धीरे-धीरे तनाव में रहने की आदत बन जाती है। विभिन्न प्रकार के तनाव को सहने वाले अंग उस तनाव विशेष के प्रति इतने अधिक संवेदनशील हो जाते हैं कि मामूली से अंतर्द्वंद्व से भी तनाव में आ जाते हैं। इन अंगों को एक बार तनाव की आदत पड़ जाने के बाद इनका नियंत्रण भी स्वचालित या अनैच्छिक क्रिया द्वारा होने लगता है और एक ऐसी स्थिति आ जाती है कि हम तनाव में होते हैं, लेकिन हमें अहसास तक नहीं होता कि वास्तव में हम तनाव में हैं। ऐसी स्थिति में जब तक व्यक्ति को यह ज्ञान नहीं कराया जाए कि वह तनाव में है, तब तक तनाव के प्रति सचेत नहीं होता और निरंतर तनाव में रहता है। हां, तनाव के बारे में सचेत करा देने पर व्यक्ति उस तनाव से छुटकारा पा सकता है।

तनाव से मुक्ति का एक ही उपाय है कि इस अंतर्द्वंद्व को समाप्त कर दिया जाए, जिससे यह तनाव पैदा हो रहा है। अंतर्द्वंद्व का मनोविश्लेषण करते हुए हम यह बता चुके हैं कि दो समान शक्तिशाली भावनाओं या विचारों के आपसी संघर्ष के कारण ही अंतर्द्वंद्व पैदा होता है। स्वाभाविक रूप से यदि हम दोनों में से किसी एक भावना या विचार की शक्ति को बढ़ा दें, तो वह शक्तिशाली विचार या भाव दूसरे को परास्त कर देगा और संघर्ष समाप्त हो जाएगा। इसी प्रक्रिया को हम निर्णय कहते हैं।

यदि दो समान शक्तिशाली विचारों या भावों में चल रहे संघर्ष को समाप्त करना है, तो हमें दोनों में से किसी एक को चुनना होगा। हमें किसी एक विचार या भाव को अपनाने का ठोस निर्णय लेना होगा। निर्णय लेने का यह कार्य बुद्धि और विवेक का है। अतः निर्णय लेने में हम तभी सक्षम हो सकेंगे जब अंतर्द्वंद्व से ऊपर उठकर हमारी विवेक बुद्धि जाग्रत हो जाएगी। सच मानिए कि निर्णय लेते ही अंतर्द्वंद्व स्वतः ही समाप्त हो जाता है।

मस्तिष्क की एक विशेष प्रवृत्ति है और वह है–ठोस निर्णय। यदि मस्तिष्क में कोई प्रश्न उछाल दिया जाए, तो मस्तिष्क उस प्रश्न के समाधान के लिए हर पल जुटा रहता है और तब तक शांत नहीं होता, जब तक कि उस प्रश्न का समाधान खोज नहीं लेता। ऐसी स्थिति में मस्तिष्क व्यक्ति को कोई कार्य ढंग से नहीं करने देता। खाते-पीते, सोते-जागते, चलते-फिरते हर समय मस्तिष्क उसी प्रश्न को हल करने में लगा रहता है। मस्तिष्क को शांत करने के लिए हमें ठोस निर्णय की सूचना उसे देनी ही होगी।

उदाहरण के लिए मान लें कि हमें अभी-अभी सूचना मिली है कि हमें अमुक समय पर अमुक स्थान पर पहुंचना है, जहां हमारी मुलाकात अमुक व्यक्ति से होगी और हमें उस मुलाकात से अमुक लाभ होगा। बस, मस्तिष्क में एक प्रश्न पड़ गया। अब मस्तिष्क आपको निर्णय लेने के लिए प्रेरित करेगा कि आखिर अमुक स्थान पर पहुंचा कैसे जाए ? बस से, ट्रेन से, निजी वाहन से या किसी अन्य साध ान से। आपको मस्तिष्क को एक निश्चित सूचना देनी होगी कि अमुक वाहन से जाना है। घर से निकलने के लिए क्या हम सही समय पर तैयार हो जाएंगे ? आपको निश्चित समाधान देना होगा हां ! इस समय तक हम अपने सभी कार्यों को निपटा लेंगे। उस व्यक्ति से हम अपना कार्य किस तरह निकालेंगे ? प्रश्न का निश्चित समाधान आपको देना होगा कि इस प्रकार हम अपना कार्य पूरा करेंगे। सामान्य भाषा में इसे ठोस योजना या कार्य की रूपरेखा कहते हैं। यदि यह सूचना देने में आपने तनिक भी ढील की और मस्तिष्क को निर्णय नहीं दिया, तो तुरंत अंतर्द्वंद्व शुरू हो जाएगा। आपने पहले प्रश्न के बारे में सोचा कि बस भी जाती है, ट्रेन भी जाती है, किसी से भी जाया जा सकता है। बस, यहीं से अंतर्द्वंद्व शुरू हो जाएगा कि बस से जाना ठीक होगा या ट्रेन से ? समय से कैसे पहुंचेंगे ? सुविधा किसमें अधिक रहेगी ? पैसा किसमें कम खर्च होगा आदि अनेक प्रश्न मस्तिष्क में उथल-पुथल मचा देंगे। अतः आपको ठोस निर्णय लेना ही होगा कि जाने का माध्यम यह होगा।

मान लीजिए कि आप समय से तैयार होकर घर से निकल पड़े, किंतु आपको कोई वाहन नहीं मिला। आप ही की लापरवाही के कारण आपकी ट्रेन छूट गई। मस्तिष्क में उक्त कार्य के लिए जाने से लेकर उसका परिणाम प्राप्त होने तक की रूपरेखा तैयार हो चुकी है, तो मस्तिष्क उसी रूपरेखा के आधार पर आपको तुरंत अंतर्द्वंद्व का शिकार बना देगा, थोड़ा और पहले आ जाते तो ट्रेन मिल जाती, समय से पहुंच जाते तो कार्य बन जाता, लापरवाही में ट्रेन छूट गई। इसी तरह के विचार आपको आत्मग्लानि का शिकार बना देंगे। ऐसी स्थिति में पुनः आपको ठोस निर्णय लेना होगा कि ट्रेन छूट गई कोई बात नहीं, उक्त व्यक्ति से मिलना भविष्य के लिए हितकर नहीं होता। आज निकाले गए कार्य की भविष्य में बड़ी कीमत चुकानी पड़ सकती थी या ट्रेन निकल गई कोई बात नहीं। टेलीफोन से सूचना दे देते हैं। वह व्यक्ति सूचना पर ही कार्य कर देगा आदि-आदि। कोई-न-कोई एक निर्णय तो आपको लेना ही होगा और उस निर्णय से मस्तिष्क को अवगत कराकर लगातार उछल रहे सवालों का समाधान भी करना होगा, तभी आप अंतर्द्वंद्व से बच सकते हैं। अतः अंतर्द्वंद्व से बचने के लिए तुरंत निर्णय लेने

की आदत डालें। निर्णय जितना जल्द ले लेंगे, अंतर्द्वंद्व से उतना ही सुरक्षित हो सकेंगे, भले ही वह निर्णय नकारात्मक हो या सकारात्मक। जैसे कि उपरोक्त समस्या में आप कहीं जाने की सूचना मिलते ही तुरंत यह निर्णय भी ले सकते हैं कि चाहे कितना भी नुकसान क्यों न हो जाए, मुझे उक्त व्यक्ति से काम निकालना तो दूर, मिलना भी नहीं है। निर्णय भले ही नकारात्मक है, लेकिन आपने एक ठोस निर्णय लेकर मन को अंतर्द्वंद्व से बचा लिया, तनाव और उससे पैदा होने वाली समस्याओं से बचा लिया।

यही बात भगवान श्री कृष्ण ने अर्जुन से कही थी कि संकल्प और विकल्प के अंतर्द्वंद्व में मत फंसो। संशय-बुद्धि का त्यागकर निर्णयात्मक बुद्धि से विचार करो। ठोस निर्णय लो, क्योंकि संशय से अंतर्द्वंद्व पैदा होता है, अंतर्द्वंद्व से तनाव पैदा होता है और तनाव हमारी शारीरिक और मानसिक शक्ति को खा जाता है। यही कारण है कि संशय करने वाला व्यक्ति स्वयं ही नष्ट हो जाता है। अतः स्वास्थ्य के लिए घातक अंतर्द्वंद्व को जीवन में स्थान न दें। समस्याओं के बारे में गहराई से खूब विचार करें, किंतु स्पष्ट और ठोस निर्णय अवश्य लें, तभी मन शांत हो सकेगा। तभी आप में आत्मविश्वास पैदा हो सकेगा। तभी आप जीवन में सफल हो सकेंगे।

8

भावुकता : भटकन का आरंभ

> - भावना दो तिहाई विश्व पर शासन करती है भूत और भविष्य पर, जबकि यथार्थ वर्तमान तक सीमित है।
> —रिचर
> - भावावेश में लिए गए निर्णय प्रायः दुखदायी होते हैं।
> —राम कुमार वर्मा
> - भावुकता का प्रबल वेग, विवेक के बांध को तोड़ देता है। इससे लाभ कम हानि ही अधिक होती है।
> —जैनेन्द्र

भावनाओं में बहने की प्रवृत्ति भावुकता कहलाती है। भावुकता को समझने के लिए हमें भाव और भावना को समझना आवश्यक है।

भाव विचार की ऊर्जस्वित् अवस्था है अर्थात् विचार जब इतने अधिक प्रभावी हो जाते हैं कि वे शरीर के अंगों द्वारा प्रदर्शित होने लगते हैं, तो यह अवस्था भावुकता की कहलाती है, जैसे किसी प्रिय व्यक्ति को देखकर हम दौड़कर उससे लिपट जाएं, आंखों से आंसू बह निकलें या किसी विरोधी व्यक्ति को देखते ही हम क्रोध से भर कर 'आपा' खो बैठें, उसके साथ दुर्व्यवहार करने लगें। ये दोनों ही अवस्थाएं भावुकता की अवस्थाएं कही जाएंगी।

ऊपर हमने एक शब्द प्रयोग किया है 'आपा खो बैठना' जिसका सीधा-सा अर्थ है—विवेक का समाप्त हो जाना, निर्णय हीनता, किस समय हमें कैसा व्यवहार करना चाहिए, उसके ज्ञान का समाप्त हो जाना आदि। अतः स्पष्ट है कि भावुकता की स्थिति में हम उचित-अनुचित के निर्णय से परे हो जाते हैं। कुछ मायने में विवेकहीनता की स्थिति में पहुंच जाते हैं। विवाह के बाद कन्या जब पति के

घर जा रही होती है, तो सैकड़ों लोगों के आस-पास होने के बावजूद भी अपने परिवार जनों, माता-पिता आदि से जितना करुण विलाप करते हुए गले मिलती है, वहां बुद्धि अपनी समूची तर्कशक्ति के साथ किसी कोने में जा दुबकती है। इसी अवसर पर वह पिता, जो वक्त के थपेड़ों से जूझते हुए भी निराश नहीं हुआ, जिसने कभी आंख को नम नहीं होने दिया, बेटी को विदा करते समय जितना करुणा से भर कर दहाड़े मार कर रोता है, वह भी विवेक के पैमाने से आंकने योग्य व्यवहार नहीं है।

नकारात्मक भावों जैसे—निराशा, क्रोध, घृणा आदि की स्थिति में व्यक्ति भावों के इस धरातल तक पहुंचने पर आत्महत्या से लेकर दूसरों की हत्या तक कर देने की स्थिति में पहुंच जाता है। आत्महत्या, अपने प्रति व्यक्ति में घोर निराशा का ही परिणाम है और हत्या दूसरों के प्रति घोर घृणा का। तात्पर्य यह है कि भावुकता की स्थिति में व्यक्ति उचित-अनुचित के निर्णय का अधिकार खो बैठता है, विवेकशून्य हो जाता है। बुद्धि का अंकुश उसके व्यवहार को नियंत्रित करने में विफल हो जाता है।

प्रश्न यह उठता है कि जब हमारे समूचे कार्य और व्यवहार मस्तिष्क द्वारा संचालित हैं, बुद्धि और विवेक के अधीन होते हैं, तो फिर यह विवेकशून्यता या बुद्धि के अंकुश हटने का क्या अर्थ है।

वास्तविकता भी यही है। हमारे समूचे कार्य-व्यवहार का आधार तो विचार ही हैं, किंतु विचार जब मस्तिष्क में एकत्रित पड़े पुराने अनुभवों से पुष्ट हो जाते हैं या फिर सुखद भविष्य की कल्पना के अधीन हो जाते हैं, तो उस कार्य या व्यवहार विशेष पर केंद्रित हो जाते हैं और हमारी कल्पना-शक्ति मन के पुराने अनुभवों के खजाने से चुन-चुनकर ऐसे अनुभवों को मानस पटल पर लाती जाती है, जिससे वह विचार विशेष और अधिक, और अधिक पुष्ट होता जाता है।

उदाहरण के लिए एक व्यक्ति हमारे सामने से गुजरता है। हमारी आंख उस व्यक्ति के रंग-रूप, चाल-ढाल, पहनाव-उढाव सहित समूची संवेदनाएं मस्तिष्क को देती हैं। इन संवेदनाओं के आधार पर मस्तिष्क यह तय करता है कि इस प्रकार का व्यक्तित्व तो उस व्यक्ति का है, जो हमारा दुश्मन है। मस्तिष्क आंख को पुनः आदेश देता है कि इस व्यक्ति का और गहराई से निरीक्षण करें और तुरंत सूचनाएं प्रेषित करें। दुश्मनी यानी कि अस्तित्व के खतरे की संभावना की आशंका के कारण मस्तिष्क का यह आदेश इतना अधिक प्रभावी होता है कि आंख अपनी संपूर्ण क्षमताएं उसी एक व्यक्ति पर केंद्रित कर देती है और शेष वातावरण को इस समय कोई खास महत्त्व नहीं दिया जाता। आंखें जब उस व्यक्ति

के बारे में सूक्ष्म निरीक्षण करके पुनः मस्तिष्क को सूचना देती हैं, तो मस्तिष्क झट से उस व्यक्ति से संबंधित पुराने निर्णयों के खजाने से सूचनाएं एकत्रित करता है और यह तय करता है कि आंखों द्वारा बताया गया व्यक्ति वास्तव में ही हमारा वह शत्रु है, जिसने अमुक दिन हमारे साथ अमुक अशोभनीय और घातक व्यवहार किया था। यह तय करते ही मस्तिष्क अब यह निर्णय लेता है कि उक्त व्यक्ति द्वारा पैदा किया गया खतरा कितना गंभीर है। यदि यह खतरा सामान्य है, तो कोई बात नहीं, उसे टाला जा सकता है। किंतु यदि यह खतरा वास्तव में बहुत गंभीर है, तो मस्तिष्क भी इस व्यक्ति के बारे में गंभीर और ठोस निर्णय लेना चाहता है।

कल्पना कीजिए कि ठीक उसी समय वह व्यक्ति भी हमें देख लेता है। एक दूसरे की आंखें मिलती हैं और दोनों के मस्तिष्क एक दूसरे के साथ पूर्व में किए गए व्यवहार से भर उठते हैं। यदि इस मौके पर हमारा दुश्मन व्यक्ति मुंह चिढ़ाकर, थप्पड़ दिखाकर, जीभ निकाल कर, घृणा से हमारी ओर थूक कर हमें नष्ट कर डालने के संकेत देता है, तो हमारा मस्तिष्क भी तुरंत इस खतरे से बचने के लिए उस व्यक्ति को सबक सिखाना चाहता है, मस्तिष्क तुरन्त अपनी और उस व्यक्ति की शारीरिक शक्ति का आकलन करता है। यदि हमारे दुश्मन व्यक्ति के साथ चार लोग और हैं, तो मस्तिष्क को अपनी शक्ति उसकी तुलना में कम लगती है और हम तुरंत किसी तरह का खतरा लेने से बचते हैं, किंतु यदि हम दुश्मन से स्वयं में अधिक शक्तिशाली हैं या हमारे साथ दो-चार लोगों की शक्ति और है, तो हम तुरंत अपने दुश्मन से निपट लेने का निर्णय लेते हैं और उस पर टूट पड़ते हैं। इस प्रकार हमारे विचार पूर्व निर्णयों का आधार पाकर धीरे-धीरे ऊर्जस्वित् होते हैं। विचारों की ऊर्जा से भर उठने के बाद ही शरीर के अंग क्रियाशील होते हैं, क्योंकि विचारों की ऊर्जा ही शरीर के अंगों में शक्ति का संचार करती है।

आपने देखा कि एक कार्य करने के लिए कितने विचार मस्तिष्क में उठते हैं और अपनी-अपनी ऊर्जा से शरीर के अंगों को ऊर्जा अर्थात शक्ति देकर विलीन होते जाते हैं। विचारों की यह ऊर्जस्वित् अवस्था ही धीरे-धीरे भाव रूप में बदलती जाती है और भावुकता की चरम परिणिति में हमारा संपूर्ण शरीर उस विचार के अधीन कार्य करने लगता है। उक्त उदाहरण में विचार धीरे-धीरे निर्णय ले रहे हैं और मस्तिष्क धीरे-धीरे शरीर को क्रियाशील कर रहा है, किंतु कई बार ऐसा होता है कि हमारे पूर्व के अनुभव इतने अधिक दुखदायी होते हैं कि हम मस्तिष्क के निर्णय की अवहेलना करके कार्य करने पर उतर आते हैं। जैसे उपरोक्त उदाहरण

में ही यदि हम अपने शत्रु से इस सीमा तक अपमानित या आहत हो चुके हैं कि हमें उस अपमान के मुकाबले अपने शरीर की रक्षा का कार्य गौण लगता है, तो भले ही हमारा शत्रु चार व्यक्तियों के साथ हो, भले ही उसके पास घातक हथियार हों, भले ही हमारा मस्तिष्क बार-बार यह निर्णय दे रहा हो कि दुश्मन शक्तिशाली है, उससे भिड़ना घातक सिद्ध हो सकता है, मगर हम सभी विचारों की अवहेलना करते हुए अपने शत्रु पर टूट पड़ते हैं। इस स्थिति में हम शत्रु को पराजित भी कर सकते हैं और उससे पराजित हो भी सकते हैं, किंतु परिणाम की चिंता किए बिना और मस्तिष्क के आदेश की अवहेलना करके हमारे द्वारा लिया गया यह निर्णय अति भावुकता कहलाएगा।

निश्चित रूप से अति भावुकता की इस स्थिति में जहां एक ओर मस्तिष्क की विवेक शक्ति हमारे साथ नहीं होगी, वहीं दूसरी ओर शरीर की अति उत्तेजक स्थिति में हम होंगे। शरीर में जितनी उत्तेजना अधिक होगी, उतनी ही ऊर्जा भी अधिक नष्ट होगी। परिणामतः उत्तेजना समाप्त होने के बाद हम जब मूल अवस्था में लौटेंगे, तो हमारा शरीर बुरी तरह थका हुआ होगा और दूसरी ओर विवेकहीनता में किए गए कार्य का पश्चात्ताप भी हमारे मन और मस्तिष्क को मथ कर हमें परेशान कर रहा होगा। इस प्रकार अति भावुकता के बाद व्यक्ति शारीरिक और मानसिक दोनों ही स्तरों पर अपने आपको बुरी तरह थका हुआ और टूटा हुआ अनुभव करता है। अतः जहां तक संभव हो सके भावुकता में निर्णय लेने से बचें। भावुकता की उत्तेजना हर हालत में घातक है।

अति भावुकता की अवस्था में प्रायः हम बुद्धि की शक्तियों—तर्क और निर्णय की उपेक्षा कर देते हैं, इसलिए जीवन की वास्तविकता से, यथार्थ से कट जाते हैं। सच्चाई की उपेक्षा करके किए गए कार्यों के परिणाम दुखदायी ही होते हैं, कभी संयोग से तीर निशाने पर लग जाए तो बात अलग है।

भावुकता की स्थिति में कल्पना शक्ति बहुत तेजी से कार्य करती है। कल्पना शक्ति का कार्य है क्रिया के परिणाम का अनुमान लगाना, इसके ठीक विपरीत इस शक्ति का दूसरा कार्य है परिणाम के आधार पर उसे प्राप्त करने की रूपरेखा तैयार करना अर्थात् मोटे तौर पर कल्पना शक्ति के दो कार्य सामने आते हैं—

1. कार्य के आधार पर परिणाम का पूर्वानुमान।
2. परिणाम पाने के लिए संभावित कार्य की रूपरेखा का पूर्वानुमान।

यदि हम इस कल्पना शक्ति के साथ अपने विवेक और तर्क-शक्ति का सजग होकर प्रयोग करते हैं, तो निश्चित रूप से कल्पना शक्ति प्रकृति का एक अद्भुत वरदान सिद्ध होती है। चाहे हम कार्य के माध्यम से परिणाम का अनुमान

लगाएं या फिर परिणाम के माध्यम से कार्य की रूपरेखा बनाएं। यदि अतीत में घटी घटनाओं, समय, परिस्थिति, वातावरण, कार्यक्षमता तथा साधन संपन्नता के आधार पर कल्पना शक्ति का उपयोग करते हैं, तो बहुत संभव है कि हमारे द्वारा प्राप्त परिणाम सार्थक हों। लेकिन अति भावुकता की स्थिति में तो हम प्रायः विवेक का दामन छोड़ देते हैं, इसलिए कल्पना शक्ति भी गैरअनुशासित ढंग से तथ्यों को हमारे सामने प्रस्तुत करने लगती है। ऐसी स्थिति में कल्पना शक्ति हमारे मन की गति के अनुसार कार्य करती है। मन यदि सुखद परिणाम चाहता है, तो कल्पना शक्ति भी सुखद अनुमान प्रस्तुत करती जाती है और मन यदि दुःख में डूबा हुआ है, निराश है, तो कल्पना शक्ति भी ऐसे ही अनुमान हमारे सामने लाकर मन की सोच को पुष्ट करने में लग जाती है।

उदाहरण के लिए यदि हम सुखद जीवन के सपने बुन रहे हैं और वह भी भावुकता में बहकर, तो कल्पना शक्ति भी हमारे इन्हीं सपनों की भावी घटनाओं का अनुमान हमारे सामने प्रस्तुत करती चलेगी और मन को खुश करती चलेगी। आपने शेखचिल्ली की कहानी अवश्य सुनी होगी, जो अपने मालिक द्वारा बेचने के लिए दी गई घी से भरी मटकी को सिर पर रखकर बाजार जा रहा था। रास्ते में उसकी कल्पना शक्ति जाग्रत हो उठती है, वह सोचता है कि आज मजदूरी के रूप में जो पैसे मिलेंगे, उनसे वह व्यापार करेगा। व्यापार के लिए कम पैसे में उसे मुर्गी पालन का कार्य सबसे अच्छा लगता है, जिसमें लागत कुछ नहीं और मुनाफा खूब है। मजदूरी के पैसे से वह मुर्गी तो खरीद नहीं सकता, इसलिए योजना बनाता है कि पहले अंडा खरीदेगा। अंडे से मुर्गी होगी। मुर्गी से फिर अंडे होंगे और अंडों से फिर बहुत सारी मुर्गियां हो जाएंगी। वह सारी मुर्गियों को बेच कर एक बकरी खरीदेगा, बकरी से बच्चे, बच्चों से फिर बकरियां और फिर बकरियों की रेवड़। ठीक इसी प्रकार फिर वह गाय, भैंसें, बैल, ऊंट खरीदते हुए घोड़ों का बड़ा व्यवसायी हो जाएगा। पैसा तो ढेर सारा होगा ही इसलिए आराम से शादी करेगा। शादी हो जाएगी तो बच्चे भी होंगे और बच्चे होंगे तो कभी प्यार से अब्बू कहेंगे, तो कभी शैतानी करेंगे। शैतानी करेंगे, तो उन्हें डांटना-फटकारना पड़ेगा और चपत भी लगानी पड़ेगी। यह सोचकर जैसे ही वह कल्पना में शैतानी कर रहे बच्चों को चपत लगाता है कि घी की मटकी सिर से लुढ़क कर जमीन पर आ गिरती है। अब उसका सपना तो बिखर ही जाता है, उसके विपरीत मालिक का घी फैल जाने के कारण दंड भोगने का डर समाने आ खड़ा होता है और वह दहाड़ें मारकर रोने लग जाता है। एक सुखद किंतु काल्पनिक परिणाम की आशा में बुनी गई काल्पनिक रूपरेखा का यही परिणाम होता है कि व्यक्ति 'न घर का

रहता है और न घाट का' । इस उदाहरण में शेखचिल्ली एक सुखद परिणाम चाहता है और उसे प्राप्त करने के लिए अपने मस्तिष्क को एक सुखद रूपरेखा तैयार करने का आदेश देता है। मस्तिष्क उसकी मांग के अनुरूप वही सुखद रूपरेखा तैयार करता चलता है। बिना विवेक का इस्तेमाल किए वह मुर्गी के अंडे से घोड़ों का व्यवसाय और शादी से लेकर बच्चों के अब्बा कहने तक की सारी कहानी गढ़ देता है। यह कहानी पूरी तरह निरापद और निर्विवाद होती है। इसमें कहीं इस यथार्थ को सोचने की आवश्यकता शेखचिल्ली ने महसूस नहीं की कि मुर्गी के अंडे से लेकर लाखों रुपये के घोड़ों के व्यवसाय करने में कोई बाधा भी आ सकती है, इसलिए मस्तिष्क ने भी उसकी रूपरेखा में कहीं किसी बाधा का नामोनिशान तक नहीं आने दिया। लेकिन ऐसी काल्पनिक भावुकता की परिणति जिस रूप में होनी थी, उसे मस्तिष्क नहीं रोक पाया और सुखद भविष्य की कल्पना में शेखचिल्ली घी के नुकसान की गंभीर समस्या में फंस कर रह गया। अतः इस प्रकार मकड़ी के जाले की तरह भावुकता का काल्पनिक जाल बुनना और फिर उस जाल में फंस जाना कोरी भावुकता की देन है। इस प्रकार की भावुकता मूर्खता की श्रेणी में आती है और व्यक्ति के लिए हर प्रकार से घातक है। अतः इससे सदैव बचें।

ठीक इसी प्रकार अत्यधिक भावुकता में बहने वाले बच्चे और स्कूली छात्र अपने आसपास खुशहाल चरित्रों को देखकर डॉक्टर, इंजीनियर, वैज्ञानिक या फिर आई.ए.एस., पी. सी. एस. अधिकारी बनने के सपने पाल लेते हैं। वे रात-दिन दिवास्वप्नों में डूबे यह तो देखते रहते हैं कि एक डॉक्टर के रूप में, एक इंजीनियर के रूप में या एक अधिकारी के रूप में कार्य करते हुए वे कितने अच्छे लगेंगे उनका भविष्य कितना सुंदर और सुखद होगा, किंतु ऐसा बनने के लिए कितने परिश्रम की आवश्यकता होती है, वे कभी नहीं सोचते। परिणामतः ये दिवास्वप्न उन्हें उक्त लक्ष्य को पाने योग्य परिश्रम नहीं करने देते और बिना परिश्रम के उन्हें उचित लक्ष्य नहीं मिलता है। ऐसे ही बच्चे भविष्य में निराशा का शिकार होकर कुंठित हो जाते हैं और जीवन भर कुछ नहीं कर पाते हैं। अपने लक्ष्य को वही व्यक्ति पाता है, जो अपनी परिस्थिति और अपनी क्षमता का पूरी तरह आकलन करके विवेकपूर्ण तरीके से अपना लक्ष्य निर्धारित करता है और पूरे बुद्धि कौशल से उस लक्ष्य को पाने के लिए घोर परिश्रम करता है। अपने परिश्रम के मध्य कल्पना तो करता है, लेकिन भावुकता में नहीं बहता। अतः जीवन में सफलता पाने के लिए यथार्थ की ठोस जमीन पर खड़े होकर निर्णय लें। भावुकता में न बहें।

भावुकता का एक और सबसे भयंकर परिणाम शारीरिक तथा मानसिक क्षमता का अपव्यय है, हनन है, जो अंततः व्यक्ति को कमजोर बनाकर विभिन्न प्रकार के रोगों के चक्रव्यूह में धकेल देता है।

हम यह स्पष्ट कर चुके हैं कि भावुकता की अवस्था में शरीर के अंग विशेष उत्तेजित अवस्था में आ जाते हैं। उत्तेजना की यह अवस्था हमारी मांसपेशियों में तनाव पैदा कर देती है। मांसपेशियों के तनाव की सूचना जब मस्तिष्क को मिलती है, तो मस्तिष्क भी उत्तेजित होकर तनावग्रस्त हो जाता है। शारीरिक अंगों के तनाव के कारण इन अंगों की कार्यप्रणाली बाधित होती है, तो मानसिक तनाव के कारण मस्तिष्क की कार्य प्रणाली और कार्यक्षमता में बाधा पड़ती है, परिणाम-स्वरूप व्यक्ति तन और मस्तिष्क दोनों ही धरातलों पर रोगी हो जाता है।

शरीर की मांसपेशियों में तनाव के कारण पेट दर्द, गैस, तेजाब का बनना, आमाशय का अल्सर, दाद, खाज, खुजली, एग्जिमा, दमा, श्वास के रोग, जिगर के रोग, दिल की तेज धड़कन, घबराहट, हाथ-पैरों या कमर में दर्द आदि रोग लग जाते हैं, तो मस्तिष्क के लगातार तनाव में बने रहने से चिंता, तनाव, विभ्रम तथा विभिन्न प्रकार के भय जैसे मानसिक रोग आ घेरते हैं।

आरंभ में तो शारीरिक अंगों में पैदा हुए तनाव का हमें आभास हो जाता है, लेकिन धीरे-धीरे यह तनाव हमारी आदत में शामिल हो जाता है, फिर तनाव होने पर हमें रोगों का अहसास तो होता है, किंतु तनाव को हम अर्थ नहीं दे पाते हैं। हमें यह आभास ही नहीं रहता कि हम तनावग्रस्त हैं। परिणाम यह होता है कि हम ऐसे रोगों का इलाज कराने के लिए साधारणतः डॉक्टरों पर भागते रहते हैं। पैसा बर्बाद करते रहते हैं, लेकिन रोग का कोई प्रभावी उपचार नहीं मिल पाता है। शरीर और मस्तिष्क के तनाव से बचने के लिए भावुकता से बचें, ऊर्जा को व्यर्थ नष्ट न करें। जीवन के निर्णय भावुकता में नहीं, यथार्थ के धरातल पर खड़े होकर पूरी बुद्धिमत्ता से लें और विवेक तथा परिश्रम से उनका पालन करते हुए अपने लक्ष्य को प्राप्त करें।

क्या-क्या नहीं करें

- कर्म से विमुख न हों
- मन को विचलित न होने दें
- हवाई किले न बनाएं
- चिंतन कीजिए, चिंता नहीं

9
कर्म से विमुख न हों

- कर्म से मुंह न मोड़ो। कर्म शरीर के द्वारा की गई भगवान की सर्वोत्तम प्रार्थना है।
  —अरविन्द घोष

- सकल पदारथ हैं जग माहीं। करमहीन नर पावत नाहीं।।
  —तुलसीदास

- कर्म वह आईना है, जो हमारा स्वरूप हमें दिखा देता है। अतः हमें कर्म का अहसानमंद होना चाहिए।
  —विनोबा भावे

- जैसे फूल और फल किसी की प्रेरणा के बिना ही अपने समय पर वृक्षों पर लग जाते हैं, उसी प्रकार पहले के किए हुए कर्म भी अपने फल भोग के समय का उल्लंघन नहीं कर सकते।
  —महाभारत

कर्म जीव मात्र का अनिवार्य धर्म है। कोई भी जीवधारी कर्म किए बिना नहीं रह सकता। यदि कर्म का अर्थ हम सहज रूप में क्रियाशीलता ही ले लें, तो यह क्रियाशीलता जीवन का प्रधान लक्षण है। जीवन है तो क्रियाशीलता भी अवश्य होगी। क्रिया दो प्रकार की मानी जाती है, पहली ऐच्छिक क्रिया अर्थात् वे क्रियाएं जिन्हें हम अपनी इच्छा से करते हैं। जैसे कि हमारी कर्म इंद्रियों की क्रिया, हाथ का कार्य करना, पैरों से चलना, पढ़ना, लिखना, बोलना, खाना आदि। इन क्रियाओं को हम अपनी इच्छा के अनुसार नियंत्रित कर सकते हैं। आवश्यकता होते हुए भी हम कहीं जाएं या न जाएं, भूख होने पर भी खाना खाएं या न

खाएं, यह हमारी इच्छा पर निर्भर करता है। इन क्रियाओं को हम मन के अनुरूप कर सकते हैं या चाहें तो उन पर नियंत्रण भी कर सकते हैं। दूसरी क्रियाएं अनैच्छिक क्रियाएं कहलाती हैं, जिन्हें हम चाहकर भी रोक नहीं सकते। जैसे कि दिल का धड़कना, भोजन का पचना, शरीर में रक्त का परिभ्रमण। हम लाख चाहें कि हमारा दिल धड़कना बंद हो जाए, हम खूब प्रयास करें कि शरीर में रक्त का दौरा न हो। हम पेट पकड़कर बैठ जाएं कि खाया हुआ भोजन न पचे, मगर हमारे चाहने से ऐसा नहीं होगा। इन क्रियाओं को अनैच्छिक क्रियाएं कहते हैं। ये हमारे जीवन का धर्म इसलिए हैं कि यदि दिल की धड़कन रुक जाए, तो इसका सीधा-सा अर्थ है मौत या जीवन का समाप्त हो जाना। इसलिए जब तक जीवन है तब तक दिल धड़केगा ही, भोजन पचेगा ही, शरीर के आंतरिक अंग अपना कार्य करेंगे ही और इन आंतरिक अंगों के कार्य करने के लिए हमें बाह्य संसाधन जुटाने होंगे ही। मसलन दिल के धड़कने के लिए खून की जरूरत होगी ही और खून के बनने के लिए भोजन की आवश्यकता पड़ेगी ही, इसलिए भोजन जुटाने के लिए हमें कर्म भी करना पड़ेगा। इस प्रकार ऐच्छिक और अनैच्छिक दोनों ही प्रकार की क्रियाएं जीवमात्र का स्वभाव हैं, जो उसे करनी ही है।

जब कर्म हमारा स्वभाव है और उसे करना हमारी अनिवार्य आवश्यकता है, तो फिर इस कर्म को रो-झींककर क्यों किया जाए, प्रसन्न होकर पूजा की भांति क्यों नहीं किया जाए।

प्रश्न उठता है कि पूजा क्या है, तो आनंदपूर्वक पूरी श्रद्धा और समर्पण के साथ किसी कार्य का करना ही पूजा है। जब हम किसी व्यक्ति के प्रति श्रद्धावनत होते हैं, तो वह व्यक्ति पूजा है, जब हम अपने आराध्य देवता के प्रति श्रद्धा से झुककर समर्पित होते हैं, तो वह भक्ति या ईश्वरीय पूजा है और जब हम किसी कर्म के प्रति इस प्रकार के श्रद्धाभाव से झुककर समर्पित होते हैं, तो यह कर्म की पूजा है।

कर्म के प्रति समर्पित होने या पूजा का भाव रखने की क्या आवश्यकता है, तो उत्तर बिलकुल सरल है कि समर्पण का भाव लाए बिना हमारी समस्त इंद्रियां उस कर्म के प्रति एकाग्र नहीं होंगी। इंद्रियां जब तक एकाग्र नहीं होंगी तब तक उनकी क्षमता एक स्थान पर केंद्रित नहीं होगी और जब तक क्षमता केंद्रित नहीं होगी हम कोई भी कार्य सफलतापूर्वक नहीं कर सकेंगे। हमारी शक्तियां विघटित हो जाएंगी और कार्य बिगड़ जाएगा। अतः किसी भी कार्य को पूरी सफलता के साथ करने के लिए उसके प्रति पूजा का भाव जाग्रत होना परम आवश्यक है। इसलिए कर्म के प्रति पूरी शक्ति से, पूरी तत्परता से समर्पित होना बहुत जरूरी है।

पूजा में दूसरी भावना होती है पवित्रता की। जब भी हम पूजा के लिए अपने आप को तैयार करते हैं, तो तन और मन दोनों से ही पवित्र होते हैं। शरीर की पवित्रता और मन की निर्मलता का कर्म की सफलता से बहुत ही गहरा संबंध होता है।

सबसे पहले हम तन की पवित्रता को ही लें। जब हम किसी कार्य को करते हैं, तो उस कार्य के अनुरूप हमारी वेश-भूषा का होना भी बहुत आवश्यक है। हम आफिस जाते हैं। हमारे कपड़े साफ-सुथरे, नए तथा आकर्षक हैं। जूते भली प्रकार चमक रहे हैं। बाल संभले हुए हैं, तो अपने आप को देखकर हमारा चित्त स्वयं ही प्रसन्न हो उठेगा। मन की यह प्रसन्नता कार्य की आधी सफलता का प्रतीक है। प्रसन्न और उत्साह से भरा हुआ मन स्वयं ही हमें कार्य को सुगढ़ता से करने को प्रेरित करेगा और हम अपने कार्य में सफल होंगे। इसके विपरीत यदि हम अस्त-व्यस्त वस्त्रों, बिखरे हुए बाल, बिना स्नान किया हुआ शरीर लेकर आफिस जाते हैं, तो कार्य करना तो दूर अपनी वेशभूषा को देखकर हमारा मन निरंतर निराश होता रहेगा और कार्य से हमारा ध्यान बंटता रहेगा, अतः यदि हम कार्य करेंगे भी तो बहुत अनमने और निरुत्साह के भाव से फिर भला ऐसे में सफलता को क्या गर्ज पड़ी है, जो हमें आकर मिलेगी ही। अतः कार्य की सफलता में तन की पवित्रता का बड़ा महत्त्वपूर्ण स्थान है। शारीरिक रूप से किसी कार्य के प्रति स्वयं को तैयार करना, उस कार्य के प्रति हमारी आस्था और निष्ठा को भी प्रदर्शित करता है।

पवित्रता का दूसरा पहलू मन से जुड़ा हुआ है। कार्य के समय मन का निर्मल होना बहुत आवश्यक है। यदि मन निर्मल है, तो वह कार्य में रुचि लेगा और एक विशेष प्रकार का उत्साह, आशा और समर्पण हमारे अंदर स्वयं ही भरा रहेगा। किंतु यदि हमारा मन निर्मल नहीं है, उसमें दूषित विचार हैं, तो वे अपने कार्य के प्रति हमारे ध्यान को केंद्रित नहीं होने देंगे और हम पूरे मनोयोग से कार्य न कर पाने के कारण सफलता का मुंह नहीं देख सकेंगे।

मन की निर्मलता का हमारी वृत्तियों से बड़ा गहरा संबंध है। वृत्तियां तीन प्रकार की मानी गई हैं क. सात्विकी, ख. राजसी एवं ग. तामसी।

सात्विकी वृत्ति वाले व्यक्ति अपने मन, वचन और कर्म से कभी किसी का बुरा नहीं कर सकते। उनके अपने भले के लिए किए गए कार्यों में भी समाज के भले की भावना छिपी रहती है। वे जो भी कार्य करते हैं, उसमें पहले विचार कर लेते हैं कि इस कार्य से मुझको लाभ तो होगा ही, मगर समाज को आखिर कितना लाभ होगा। यदि उन्हें कार्य के किसी स्तर पर भी समाज का या दूसरों का अहित होता दिखाई देता है, तो वे उस कार्य को कभी नहीं करते। ऐसे सात्विकी

कार्यों के पीछे मूल प्रेरणा धन कमाने की अपेक्षा यश पाने की होती। जितने भी वैज्ञानिक, कलाकार, समाज सुधारक या देशभक्त जो भी कार्य करते हैं, उससे उनके मन को प्रसन्नता तो होती ही है, साथ ही उनके कार्यों से समाज के लोगों का भी भरपूर कल्याण होता है। यही भावना तो कर्म के प्रति हमारी पूजा की भावना को प्रकट करती है।

कर्म की दूसरी वृत्ति राजसी है। राजसी वृत्ति के कर्म वाला व्यक्ति यह सोचकर कार्य करता है कि मेरा कार्य सफल हो जाए, किंतु दूसरे का नुकसान नहीं हो। ऐसे कार्य में प्रायः कार्य करने वाले का ही भला होता है। समाज को उससे कोई विशेष लाभ मिलता भी है, तो उसमें कर्म करने वाले का लाभ पहले शामिल होता है।

तीसरी वृत्ति तामसी वृत्ति है। तामसी वृत्ति वाले व्यक्तियों की एकमात्र कामना होती है दूसरे का नुकसान करने की मनोविकृति। वे हर हाल में अपना कार्य सफल करना चाहते हैं, भले ही इससे दूसरों को कितना भी नुकसान क्यों न उठाना पड़े। तामसी वृत्ति वाले लोग कई बार तो दूसरों को सिर्फ नुकसान पहुंचाने के उद्देश्य से ही कार्य करते हैं। ऐसी विध्वंसक मनोवृत्ति के लोग दूसरों को तो दुखी करते ही हैं, लेकिन अपने इन प्रयासों से वे स्वयं को भी कभी सुखी नहीं रख पाते। कार्य के प्रति इनमें भी एकाग्रता हो सकती है और ये कुछ समय के लिए अपने कार्य में सफल भी हो सकते हैं, किंतु ईश्वर का कुछ ऐसा विधान है कि दूसरों का बुरा सोचने वाले लोग दूसरों का बुरा करने से पहले खुद अपना बुरा कर बैठते हैं। कहने का अर्थ यह है कि पवित्रता के अभाव और दूसरों को नुकसान पहुंचाने वाले कार्य करने के कारण ऐसे व्यक्ति कभी भी सम्मान की दृष्टि से नहीं देखे जाते और न ही कभी उनके अपवित्र कार्यों को कार्य की संज्ञा ही दी जाती है। अतः केवल सात्विकी विचारों वाले या राजसी विचार वाले लोगों के कार्य ही पूजा की उच्च और दूसरी श्रेणी में आते हैं, तामसी वृत्ति वाले कार्य कभी नहीं।

पूजा का एक और बड़ा महत्त्वपूर्ण गुण है और वह है विश्वास। जिस व्यक्ति या देवता की हम पूजा करते हैं, उसके प्रति हमारे मन में दृढ़ विश्वास होता है कि वह देवता हमें अवश्य ही मनोवांछित फल देकर संतुष्ट करेगा। हमारे कार्य का समुचित लाभ देगा। कर्म के प्रति विश्वास की यह भावना ही कर्म को पूजा की श्रेणी में रख देती है। हम जैसा भी कर्म करते हैं, हमें उसका वैसा ही फल मिलता है। कर्म के प्रति हमारी लगन, हमारी भावना, हमारा विश्वास और हमारी क्षमता फल दिलाने में विशेष सहायक होती है। विशेष परिस्थितियों में घटने वाले कुछ अपवादों को छोड़ दिया जाए, तो अधिकांश कर्मों का फल उनके प्रति हमारी

भावना और हमारी कर्म शक्ति के अनुरूप अवश्य ही मिलता है। ऐसा नहीं हो सकता कि हम पूरी सजगता, पूरी रुचि और पूरी क्षमता से किसी कार्य को करें और उसका फल हमें प्राप्त नहीं हो। यदि हमें मनोवांछित फल प्राप्त नहीं हो रहा है, तो उसका एकमात्र कारण है कि जो फल हम पाना चाहते हैं उसके लिए जिस प्रकार के कर्म की आवश्यकता है उस कर्म में कहीं कोई त्रुटि अवश्य रह गई है। ऐसी स्थिति में हमें अपने कर्म का मूल्यांकन करना चाहिए और उस कमी को खोज निकालना चाहिए। उसे दूर करना चाहिए, हमें समुचित फल अवश्य ही प्राप्त होगा।

प्राचीन काल से ही हमारे विचारकों ने कर्म के शाश्वत स्वरूप को भली प्रकार पहचाना है। विद्वानों की स्पष्ट धारणा है कि फल कोई अलग वस्तु नहीं है, वस्तुतः वह कर्म का ही अंतिम रूप है कर्म का ही परिणाम है। इस प्रकार कर्म को यदि हम एक वृक्ष की डाली, पत्ती, फूल के रूप में मान लें, तो फल इसी कर्म रूपी वृक्ष का अंग है। इस दृष्टांत के अनुसार यदि हमारा कर्म बबूल के वृक्ष के रूप में है, तो उस पर फल भी बबूल की फलियों के रूप में लगेंगे और हमारा कर्म आम के वृक्ष के रूप में है, तो उस पर फल भी आम के ही लगेंगे। ऐसा कभी संभव नहीं हो सकता कि हम कर्म तो बबूल के वृक्ष उगाने के लिए करें और उस बबूल के कर्म-वृक्ष पर आम के फल लग जाएं। इसीलिए यह लोकोक्ति प्रचलित हुई कि–"बोए पेड़ बबूल के आम कहां से खाए।" इसी आधार पर समूचा जीवन ही कर्म क्षेत्र है। हमारे जीवन में जो कुछ भी है, वह हमारे कर्मों का प्रतिरूप ही तो है, कर्म का प्रतिफल ही तो है। कर्म ही विश्व की सबसे बड़ी सच्चाई है, जो महाकवि तुलसीदास के शब्दों में मुखरित हुई है–

करम प्रधान विश्व रचि राखा।
जो जस करहिं सो तस फल चाखा।।

जब यह स्पष्ट हो गया है कि कर्म ही जीवन है, तो फिर अपने कर्म को, अपने जीवन को हम पूजा की तरह पवित्रतापूर्वक क्यों न करें, जिससे कि उस पर लगने वाले फल भी सुख, शांति, सफलता और समृद्धि के फल हों। बिना सोचे-विचारे कर्म करने या अपवित्रता के साथ कर्म करने का परिणाम तो अशांति और दुःख ही होगा ऐसे कर्मों से न तो जीवन में वांछित सफलता ही मिलती है और न ही समृद्धि प्राप्त होती है। इसलिए सदैव ध्यान रखें कि अपने लक्ष्य के अनुरूप भली प्रकार विचार करके पूरी श्रद्धा तथा समर्पण के साथ कर्म करें। पूरी रुचि, पूरे आनंद, पूरी शक्ति के साथ कर्म करें। कर्म को अपना आराध्य मान कर कर्म करें। आप देखेंगे कि सफलता के रास्ते स्वयं ही आपके लिए खुल जाएंगे। हमेशा ध्यान रखें कि अपने कर्म को भली प्रकार करने से बड़ी पूजा संसार में कोई नहीं है। सिर्फ और सिर्फ कर्म ही पूजा है।

10

मन को विचलित न होने दें

- जिसने मन को जीत लिया, उसने जगत को जीत लिया।
  —शंकराचार्य
- मन को कर्तव्य की डोरी से बांधना पड़ता है, नहीं तो उसकी चंचलता आदमी को न जाने कहां-कहां लिए फिरे।
  —प्रेमचंद
- जब मन में काम, क्रोध, मद और लोभ रहता है, तब तक पंडित और मूर्ख एक समान होते हैं।
  —गोस्वामी तुलसीदास
- पशु रस्सी से खींचे जाते हैं, और मूर्ख मनुष्य मन से खींचे जाते हैं।
  —योगवाशिष्ठ

मन हमारे अंतःकरण का बड़ा ही महत्त्वपूर्ण घटक है। अंतःकरण के चार घटक माने गए हैं। प्राचीन साहित्य में हमारे विद्वान् विचारकों ने इन घटकों और इनकी प्रवृत्ति तथा शक्तियों का विस्तार से वर्णन किया है। मन, बुद्धि, अहंकार और चित्त इन चार घटकों की प्रवृत्तियां और शक्तियां भी अलग-अलग हैं। मन का कार्य है संशय करना या संकल्प-विकल्प करना। बुद्धि का कार्य निर्णय, अहंकार का अभिमान या शक्ति संचय और चित्त का कार्य चेतनता है।

किसी भी व्यक्ति, वस्तु या विचार के आते ही जैसे ही उसकी संवेदना मस्तिष्क को पहुंचती है, मन का कार्य प्रारंभ हो जाता है। मन अपनी संशयात्मक प्रवृत्ति द्वारा उस वस्तु के अच्छे और बुरे दोनों ही पक्षों को क्रमशः देखता है। उसकी अच्छाइयों को एक तरफ और बुराइयों को दूसरी ओर श्रेणीबद्ध करता जाता है। इन्हीं अच्छे-बुरे विचारों के आधार पर बाद में बुद्धि तर्क के आधार पर उस कार्य को करने या न करने का निर्णय लेती है।

मन का स्वभाव बड़ा चंचल है। यह चंचलता मन का एक गुण भी है। इसी चंचलता के कारण ही मन, व्यक्ति, वस्तु या विचारों के बारे में, उनके अच्छे-बुरे गुणों के बारे में दूर तक सोच सकता है। मस्तिष्क में पहले से भरे-पड़े संस्कारों का सहारा लेकर अपने संकल्प और विकल्प को पुष्ट भी करने का प्रयत्न करता है और इसी प्रवृत्ति के कारण मन प्रायः अंतर्द्वंद्वों से घिरा रहता है।

मन का दूसरा स्वभाव इंद्रियों के विषयों का भोग करना और उनका आनंद प्राप्त करना है। इसी कारण मन प्रायः सुख की कामना में लगातार कल्पनाओं के पुल बांधता रहता है। भटकता रहता है। कई बार ये कल्पनाएं कोरी कल्पनाएं होती हैं, निर्मूल और अवास्तविक होती हैं, किंतु मन फिर भी इन अवास्तविक कल्पनाओं में काल्पनिक आनंद प्राप्त करता रहता है।

मन का एक अन्य अति महत्त्वपूर्ण कार्य है शरीर की इंद्रियों पर नियंत्रण करना, उन्हें कार्य करने के लिए आदेश देना और उनके कार्यों से प्राप्त सुख का उपभोग करना। इस प्रकार शरीर की दसों इंद्रियों, पांच कर्मेंद्रियों और पांच ज्ञानेन्द्रियों का स्वामी हमारा मन ही है। मन ही के आदेश पर ये इंद्रियां कार्य करती हैं।

मन, इंद्रियां और शरीर के संबंध में विचारकों ने बड़े सुंदर रूपक के माध्यम से समझाया है कि इस भौतिक शरीर को यदि हम रथ मान लें, तो हमारी दस इंद्रियां इस रथ में जुते हुए दस घोड़े हैं और इन घोड़ों की लगाम मन के हाथ में है। अर्थात् मन शरीररूपी रथ को चलाने वाला सारथी है।

इंद्रियां अपने-अपने विषय भोगों में रस लेने की आदी होती हैं। अतः वे रुचि के अनुसार अपने विषयों के आनंद की ओर भागती हैं। आंखें सुंदर दृश्य देखना चाहती हैं, कान मोहक ध्वनि सुनना चाहते हैं, जीभ स्वादिष्ट पदार्थों का आनंद लेना चाहती है। यदि सारथीरूपी मन कमजोर है, तो इंद्रियरूपी घोड़े अपने आनंद के लिए दौड़ते रहते हैं और इस प्रकार इंद्रियों की कार्यक्षमताओं का दुरुपयोग होने लगता है, किंतु यदि मन सबल और सक्षम है, तो वह इंद्रियां रूपी घोड़ों की लगाम कसे रखता है, उन्हें इधर-उधर भागने नहीं देता और इस प्रकार इंद्रियों की शक्तियों का दुरुपयोग रुक जाता है।

मन को सबल बनाने और उस पर अंकुश लगाने का कार्य बुद्धि करती है। बुद्धि का कार्य ही निर्णय और निश्चय करना है। यदि बुद्धि मन को अपने दृढ़ निश्चय के अधीन कर लेती है, तो मन इंद्रियों को भली प्रकार अपने नियंत्रण में रखता है।

बुद्धि द्वारा लिए गए निर्णय के आधार पर मन का कठोर आदेश पाते ही इंद्रियां अनुशासित होकर अपनी सारी शक्तियों को एक ही लक्ष्य पर लगा देती हैं। इस तरह मन, बुद्धि और कर्म की समग्रता से बड़े-से-बड़ा कार्य भी सरलता

से संभव हो जाता है। जबकि ऐसा न होने पर इंद्रियों की बिखरी हुई शक्ति किसी भी कार्य को कुशलतापूर्वक नहीं कर पातीं।

उदाहरण के लिए यदि किसी विद्यार्थी को पढ़ने के लिए घर से दूर किसी कालिज में जाना पड़ता है, जहां की व्यवस्थाओं के बारे में उसे बताया गया है कि कालिज के हॉस्टल में कड़े अनुशासन में रहना पड़ेगा। प्रातःकाल में जागकर तैयार होना पड़ेगा। व्यायाम करना पड़ेगा। समय से अध्ययन करना होगा। घूमने-फिरने की स्वतंत्रता नहीं होगी और नियमानुसार व समय पर ही खाना मिलेगा। यदि वह बच्चा घर में सुख-सुविधाओं में पला है, तो शरीर की सभी इंद्रियां उसके कार्य में बाधा डालेंगी। पांव जाने से मना करेंगे, शरीर कहेगा कि अच्छे-भले आराम में रह रहे हैं, काहे को कष्ट उठाने स्कूल-कालिज जाएं, जीभ सोचेगी कि खानपान भी पता नहीं कैसा मिलेगा। आंख-कान सोचेंगे कि अच्छी वस्तुओं को देखने और मन के अनुरूप गीत सुनने के लिए तरस जाएंगे। ये नकारात्मक विकल्प सभी इंद्रियों को कार्य करने से रोकेंगे और इंद्रियां मन को समझाने का प्रयास करेंगी कि क्यों आराम में खलल डाला जाए।

ऐसी स्थिति में मन यदि इंद्रियों की बात मान लेता है, तो कालिज न जाने के बहाने ढूंढ़ने लगेगा और यदि विवेक से कार्य लेता है कि कालिज की पढ़ाई के बाद जीवन सुधर जाएगा। अभी छोटी-छोटी समस्याएं आएं, किंतु बाद में जीवन सफल हो जाएगा। इस प्रकार मन यदि अपने लक्ष्य के प्रति सजग और दृढ़ है, तो वह इंद्रियों को आदेश देगा कि परेशानी कितनी भी आए मुझे अपने लक्ष्य में सफल होना ही है तो सभी इंद्रियों की शक्ति एक स्थान पर केंद्रित होकर समूचे कार्यक्रम को करने के लिए ठोस उपाय करेगी और वह कार्य संपन्न हो जाएगा।

इंद्रियों की दया पर जीने वाले जाने कितने छात्र थोड़ी-सी परेशानी आते ही या परेशानी की कल्पना मात्र से ही इतने दुखी हो जाते हैं कि थोड़े से सुख के लिए अपना भविष्य दांव पर लगा देते हैं। कार्य करने से पीछे हट जाते हैं। बहुत से बच्चे हॉस्टलों से घर भाग आते हैं और बहुत से सैनिक परीक्षा की इन घड़ियों में नौकरी छोड़कर घर भाग निकलते हैं। जबकि मन पर नियंत्रण रखने वाले लोग प्रत्येक कार्य को कुशलता से करते हैं और अपने लक्ष्य में सफल होते हैं।

अतः किसी भी कार्य की सफलता इस बात पर निर्भर करती है कि आपका मन कितना सबल है और इंद्रियों पर उसकी पकड़ या नियंत्रण कितनी सक्षमता के साथ है। इसलिए मन को सदैव सक्षम और नियंत्रित रखें।

आज संसार में मनोरोगों का खतरा बड़ी तेजी के साथ बढ़ रहा है। विश्व की अधिकांश जनसंख्या मनोरोगों के शिकंजे में फंसी छटपटा रही है। हताशा, निराशा, कुंठा, घुटन, पीड़ा, मृत्युबोध, संत्रास, भय, काल्पनिक भय तेजी के साथ

आदमी को अपनी गिरफ त में लेते चले जा रहे हैं। मनोरोगों से पीड़ित व्यक्ति या तो आत्मपीड़क बन रहा है या फिर परपीड़क। आए दिन अखबारों में हत्या, बलात्कार, लूट, चोरी, डकैती, हिंसा और आत्महत्याओं की की खबरें छपती हैं। इन घटनाओं में तेजी से हो रही बढ़ोत्तरी इस बात का स्पष्ट प्रमाण है कि व्यक्ति अपने मन पर से नियंत्रण खोता चला जा रहा है और जाने-अनजाने मानसिक दुर्बलता तथा मनोरोगों का शिकार होता जा रहा है।

मन की दशा में आ रहे इस बदलाव को हम अपने समाज में अपने आस-पास स्पष्ट रूप से देख सकते हैं, महसूस कर सकते हैं। इन खतरों के प्रति धीरे-धीरे समाज में भी सजगता बढ़ रही है और मन को नियंत्रण में रखने को मानसिक शांति के प्रयासों में भी तेजी आ रही है। मनोचिकित्सकों की बढ़ती संख्या, शांति मिशन तथा योग क्रियाओं के प्रचार-प्रसार में आई तेजी, मानसिक अशांति के बढ़ते खतरों के प्रति समाज की सजगता को ही स्पष्ट करते हैं। किंतु मानसिक रोगों की तुलना में मानसिक शांति के ये प्रयास अभी संतोषजनक नहीं हैं।

आज अमूमन चेहरों पर झांकती दुश्चिंता, हताशा और निराशा मानवीय कुंठाओं और मानसिक अशांति की कहानी कह रही है। असंतोष और तनाव ने चेहरों पर स्थायी अधिकार जमा लिया है। मन की इस अशांति को लोग बाह्य परिस्थितियों से जोड़कर देखते हैं और यह सोचकर संतोष कर लेते हैं कि मन की यह सारी स्थिति वाह्य परिस्थितियों की देन है। जबकि वास्तविकता यह है कि सामाजिक ढांचे में आया बदलाव और सामान्य मूल्यों में आई गिरावट के लिए वाह्य परिस्थितियों से कहीं ज्यादा व्यक्ति की मानसिक स्थिति जिम्मेदार है।

जिन व्यक्तियों के पास सामान्य जीवन यापन के लिए सुविधाओं का अभाव है। उनकी हताशा और निराशा को हम कुछ समय के लिए परिस्थितिजन्य मान भी लें, मगर उन व्यक्तियों के लिए क्या कहें, जिनके पास अपनी आवश्यकता एवं उपभोग से कहीं अधिक संपत्ति है, समृद्धि है, फिर भी न सुख है, न शांति है। या तो उपलब्ध संपत्ति के छिन जाने का काल्पनिक भय और दुश्चिंता है या फिर और अधिक संपत्ति पाने की हवस उनका जीना हराम किए हुए है।

हमारा आशय यह बिलकुल नहीं है कि अभावग्रस्त व्यक्ति को अपने अभावों के बारे में नहीं सोचना चाहिए या संपत्तिवान् व्यक्ति को अपनी संपत्ति की सुरक्षा अथवा और अधिक संपत्ति जुटाने के बारे में नहीं सोचना चाहिए। हम तो उस काल्पनिक चिंता की बात कर रहे हैं, जिसके घेरे में घिरकर व्यक्ति मनोरोगों का शिकार होता जा रहा है और इस तथ्य को नहीं समझ पा रहा है कि चिंताओं से कोई समस्या हल नहीं होती। समस्याओं के समाधान का तो एक ही मार्ग है और वह है योजनाबद्ध ढंग तथा पूरे मनोयोग से किया गया कार्य।

11

हवाई किले न बनाएं

> - कल्पना में मोहक और प्रिय प्रतीत होती हुई बातें यथार्थ में सदा प्रिय नहीं होतीं।
> —रस्किन
> - जिसकी तृष्णा बढ़ी-चढ़ी है, वही दरिद्र है।
> —भर्तृहरि
> - जो कुछ भी दुःख होता है, वह तृष्णा के कारण होता है।
> —गौतम बुद्ध
> - चंद्रमा और हिमालय पर्वत भी इतने शीतल नहीं हैं, कदली वृक्ष और चंदन भी इतने शीतल नहीं हैं, जितना शीतल तृष्णा रहित चित्त रहता है।
> —योगवाशिष्ठ

सदैव यथार्थ की ठोस जमीन पर जिएं और जीवन की वास्तविकता जीवन के सच को स्वीकारें। सच को स्वीकारने से हमारा सीधा-सीधा अर्थ अपने आस-पास की परिस्थितियों और अपनी क्षमताओं को ध्यान में रखते हुए जीवन का लक्ष्य निर्धारण करने से है। कुछ लोग न अपनी परिस्थितियों का मूल्यांकन करते हैं और न अपनी क्षमता को आंकते हैं। भावुकता में बहकर जीवन के ऐसे लक्ष्य निर्धारित कर बैठते हैं, जिनके लिए आजीवन संघर्ष करते रहते हैं, किंतु असफलता ही हाथ लगती है। भावुकता में बहकर भ्रमवश ऐसे लक्ष्य निर्धारित कर लेने वाले लोग जब असफल होते हैं, तो बुरी तरह टूट जाते हैं। मानसिक धरातल पर ऐसे हताश और निराश लोग प्रायः अपने जीवन को स्वयं ही दूभर बना लेते हैं।

परिस्थितियां हमारे जीवन में बहुत महत्त्वपूर्ण भूमिका निभाती हैं। ये परिस्थितियां आर्थिक, सामाजिक, राजनैतिक, भौगोलिक, पारिवारिक या फिर व्यक्तिगत

किसी भी प्रकार की हो सकती हैं। प्रायः यह माना जाता है कि मनुष्य अपने परिश्रम से परिस्थितियों को अपने अनुकूल बना लेता है, किंतु वास्तविक जीवन में ऐसा बहुत कम होता है। ऐसे विरले ही लोग होते हैं, जो अपनी परिस्थितियों पर विजय प्राप्त करके लक्ष्य तक पहुंच जाते हैं। ऐसे लोग प्रायः बहुत ही व्यावहारिक और प्रत्येक परिस्थिति पर कड़ी नजर रखने वाले होते हैं। साथ ही इतने बुद्धिमान् भी कि कब और किस स्तर पर किस परिस्थिति को अपने अनुकूल बनाना है इसकी पूरी जानकारी रखते हैं। निश्चित ही ऐसे लोग बुद्धि और तर्क के सहारे जीवन जीने वाले लोग होते हैं और भावुकता को अपने कार्य पर अपने निर्णय पर हावी नहीं होने देते। ऐसे कर्मठ और बुद्धिमान् व्यक्ति कभी भावुकता में निर्णय नहीं लेते। अतः उनके असफल होने की संभावना कम ही होती है।

प्रायः अपने लक्ष्य का निर्धारण हम दूसरों की खुशहाल जिंदगी को देखकर करते हैं, अपनी परिस्थितियों को सामने रखकर नहीं। बस, सबसे पहली चूक यहीं से शुरू होती है।

हम सब डॉक्टर को साफ कपड़े पहनकर मोटरकार में अस्पताल जाते हुए देखते हैं और झटपट स्वयं को या अपने बच्चे को डॉक्टर बनाने का निर्णय ले बैठते हैं। हम यह देखने का प्रयास कभी नहीं करते कि जो व्यक्ति हमें साफ-सुथरे कपड़े पहने डॉक्टर के रूप में अस्पताल जाते हुए दिखाई दे रहा है, उसने डॉक्टर बनने के लिए जीवन में कितना संघर्ष किया है, कितने परिश्रम से अपनी पढ़ाई पूरी की है और उस पढ़ाई को करने के लिए उसे किन-किन स्रोतों से संसाधन प्राप्त हुए हैं। हम न उसके परिश्रम को देखते हैं, न उसके संसाधनों को। बस एक लक्ष्य बनाना था, सो उसे बनाकर प्राप्त करने में जुट जाते हैं। कार्य की व्यवस्थित रूपरेखा तैयार किए बिना, सहयोगी संसाधनों को तलाशे बिना लक्ष्य निर्धारण, कल्पना मात्र बनकर रह जाता है और हम जीवन की असफलताओं तथा विफलताओं का बोझ लादे दबे मन से जीवन को ढोने पर विवश हो जाते हैं।

अतः लक्ष्य निर्धारित करने से पहले हमें अपनी परिस्थितियों का बारीकी से मूल्यांकन करना चाहिए। हमें अपने जीवन के सच, अपने यथार्थ को स्वीकार करना चाहिए और अपनी परिस्थिति तथा क्षमता को सामने रखकर ही निर्णय लेने चाहिए, तभी हम अपने लक्ष्य में सफल हो सकते हैं।

कुछ व्यक्ति अपने जीवन के लक्ष्यों का निर्धारण दूसरों की सलाह से करते हैं। उन्हें पता है कि उनकी शारीरिक, मानसिक क्षमता या परिवार की परिस्थितियां मात्र औसत दर्जे की पढ़ाई करके रोजी-रोटी की तलाश तक सीमित हैं। किंतु मित्रों तथा संबंधियों की देखादेखी वे भी वकील, इंजीनियर, उद्योगपति आदि बनने

के सपने देखने लगते हैं। समय आने पर उनके सपने रेत की दीवार की तरह ढह जाते हैं और मन में रह जाता है केवल सपनों का बोझ, जिसे वे सारी उम्र निराश रहकर ढोते रहते हैं।

दूसरों से पूछकर लक्ष्य निर्धारित करने से पहले हमें यह जान लेना चाहिए कि प्रत्येक व्यक्ति की क्षमता और परिस्थितियां अलग-अलग होती हैं। इसी आधार पर उनके सोचने, विचार करने का तरीका भी अलग होता है। यदि किसी निम्न दर्जे का जीवन जीने वाले व्यक्ति से आप सुझाव लेंगे, तो उसके सुझाव अपने स्तर के होंगे और मध्यम या उच्च वर्ग के मित्रों से सुझाव लेंगे, तो उनके विचार अपने स्तर के होंगे। हो सकता है कि एक औसत दर्जे का व्यक्ति आपको औसत दर्जे का कार्य करके पैसा कमाने का सुझाव दे और एक उच्च दर्जे का मित्र आपको जीवन का लक्ष्य ऊंचा बनाने को प्रेरित करे। अब देखना तो आपको है कि आपकी पारिवारिक परिस्थितियां तथा व्यक्तिगत क्षमता किस स्तर की हैं और आप कौन से कार्य को अंजाम तक पहुंचा सकते हैं। इसलिए बेहतर तो यही है कि जीवन के लक्ष्य का निर्धारण अपने यथार्थ और सच्चाई को सामने रखकर करें और उस लक्ष्य को पाने के लिए फिर मित्रों या हितैषियों का सहयोग लें। ऐसा न हो कि मित्रों के सुझाव पर लक्ष्य बना लें और फिर उसे बीच में ही छोड़कर भाग खड़े हों। इस प्रकार का पलायन आपको मानसिक रूप से अपंग बना सकता है। आपकी क्षमताओं का हनन कर सकता है।

व्यक्ति की अपनी वृत्तियां भी तीन प्रकार की होती हैं। कुछ व्यक्ति तो कार्य की अच्छाई-बुराई प्रक्रिया और परिणाम के बारे में इतना सोचते हैं कि कार्य का समय निकल जाता है और वो केवल सोचते ही रह जाते हैं। ऐसे व्यक्ति परिस्थितियों के डर, संसाधनों की कमी या असफलता के भय से कार्य को आरंभ ही नहीं करते। दूसरी प्रवृत्ति के व्यक्ति कार्य के केवल अच्छे परिणामों को ही देखते हैं और इन परिणामों से प्रोत्साहित होकर बिना विचार किए कार्य को जोश के साथ शुरू कर देते हैं, किंतु जीवन की वास्तविकताओं और विपरीत परिस्थितियों से जब वास्ता पड़ता है, तो इतनी बुरी तरह घबरा जाते हैं कि तुरंत कार्य को छोड़कर भाग खड़े होते हैं। तीसरी प्रवृत्ति के लोग कार्य के सामने आते ही उसकी रूपरेखा बनाते हैं, उस पर एक बार आरंभ से अंत तक विचार करते हैं, कार्य के अच्छे परिणामों के साथ-साथ उस कार्य में आने वाली कठिनाइयों पर भी खुले दिल से विचार करते हैं, अपनी क्षमताओं और परिस्थितियों का मूल्यांकन करते हैं और अच्छाई-बुराई का संतुलन सामने रखकर कार्य को करने या न करने का तुरंत निर्णय लेते हैं। ऐसे व्यक्ति या तो कार्य को शुरू ही नहीं करते और यदि

शुरू कर देते हैं, तो फिर चाहे कितनी भी कठिनाइयां आएं, कार्य को बीच में छोड़कर कभी नहीं भागते। वस्तुतः ऐसी ही सोच वाले लोगों को जमाना याद रखता है। ऐसे ही व्यक्ति समाज के निर्माण में महत्त्वपूर्ण भूमिका निभाते हैं और इतिहास में अपना नाम दर्ज करवा जाते हैं।

महात्मा गांधी जो बचपन में बड़े संकोची स्वभाव के थे, सामाजिक तौर पर बोलते भी बहुत कम थे। स्वतंत्रता संग्राम में जब कूदे, तो अपने धैर्य और कार्य प्रणाली से एक दिन राष्ट्रपिता के नाम से जाने गए। राष्ट्रपिता की यह पदवी उन्हें ऐसे ही प्राप्त नहीं हो गई। अंग्रेजों के इतने विशाल साम्राज्य जिसमें कभी सूर्यास्त नहीं होता था, के विरुद्ध एक आदमी का विरोध प्रदर्शन सामान्य साहस का कार्य नहीं था। लाखों लोगों को राष्ट्रद्रोह के आरोप में जान से मार डालने वाले अंग्रेज जैसे अत्याचारियों के लिए एक व्यक्ति को रास्ते से हटाना भी कोई बड़ी बात नहीं थी, किंतु इस सबके बावजूद महात्मा गांधी का साहस कम नहीं हुआ। परिस्थितियां जैसे-जैसे जटिल होती गईं, उनका साहस और अधिक बढ़ता चला गया और एक दिन वह आया जब महात्मा गांधी का नाम एक व्यक्ति का नाम नहीं रहा अपितु एक राष्ट्र का प्रतीक बन गया। निश्चित रूप से गांधीजी की इस उपलब्धि का कारण उनका मुखर व्यक्तित्व ही था। जाने कितनी बार ऐसे अवसर आए, जब अंग्रेजों ने महात्मा गांधी के धैर्य और साहस की जटिल परीक्षा ली, किंतु आत्मविश्वास-से भरे इस जीर्ण-शीर्ण शरीर के पास शारीरिक शक्ति से कहीं अधिक परिस्थितियों के सच की शक्ति थी। सामाजिक सत्य को स्वीकारने की शक्ति, शोषितों और पीड़ितों की शक्ति थी और शक्ति थी अपने आत्मबल की, जिसके सहारे सामान्य शरीर अभियान की सारी भौतिक शक्तियां निस्तेज हो गईं। यह वस्तुतः अपने सामाजिक यथार्थ और जीवन सत्य को पूरी तरह स्वीकार लेने का ही परिणाम था।

जीवन के सत्य को स्वीकार लेना ही वास्तव में व्यक्ति की सफलता का पहला और अंतिम कारण है। जो लोग सामाजिक सच या अपने परिस्थितिजन्य यथार्थ को नहीं स्वीकार पाते हैं, वे सफलता से दूर ही रह जाते हैं। पीछे हमने दो और प्रकार के व्यक्तियों की चर्चा की है। एक वे, जो परिस्थितियों या कठिनाइयों के डर से कार्य ही प्रारंभ नहीं करते और दूसरे वे, जो कार्य तो प्रारंभ कर देते हैं, लेकिन कठिनाई आते ही उसे बीच में छोड़कर भाग खड़े होते हैं। ये दोनों ही प्रकार के व्यक्ति वस्तुतः जीवन के हर मोर्चे पर विफल रहते हैं और असफलता के बोझ से दबकर अपनी मानसिकता को कुंठित तथा विचारधारा को अपाहिज बना देते हैं।

जीवन में किसी कार्य को शुरू न कर पाने या शुरू करके छोड़ देने, दोनों ही स्थितियों में ऐसे व्यक्ति अपनी क्षमताओं पर से विश्वास खो बैठते हैं। एक बार किसी कार्य को न कर पाने की धारणा मन में बैठ जाए, तो यह धारणा एक अजीब किस्म का डर पैदा कर देती है और यह डर व्यक्ति को पलायनवादी बना देता है। एक बार यदि व्यक्ति पलायनवादी बन जाता है, उसे कठिन परिस्थितियों से भागने की आदत पड़ जाती है, तो यह आदत एक मनोविकृति के रूप में जीवन-भर उसका पीछा करती रहती है। एक व्यर्थ का डर उसे सदैव घेरे रहता है और इसी डर के कारण वह कोई भी कार्य करने से कतराता है। यही बिंदु उस व्यक्ति के व्यक्तित्व के क्षरण का कमजोर बिंदु बन कर रह जाता है।

आजकल की परिस्थितियों में इस प्रकार के डर अधिकांश लोगों के व्यक्तित्व का हिस्सा बन गए हैं। बहुत से व्यक्ति, जिनमें से कोई लिफ्ट में जाने से डरता है, कोई पानी में उतरने से, किसी को ऊंचे स्थान से डर लगताा है तो किसी को भीड़-भाड़ से, कोई अकेलेपन से डरता है तो कोई अंधेरे से, ये सभी डर वस्तुतः बचपन में बनी पलायनवादी प्रवृत्ति की देन होते हैं और यह पलायनवादी प्रवृत्तियां बचपन में व्यक्ति द्वारा सच को न स्वीकार कर ऐसे कार्यों को करने की आकांक्षा से पैदा होती हैं, जो उनकी शक्ति से परे है।

अतः अपनी निजी शक्तियों तथा अपनी परिस्थितियों के सच को स्वीकारें और इसी सच के आधार पर कार्य की योजना बनाएं तथा उस पर अमल करें, तभी मन के अनुकूल परिणाम प्राप्त हो सकेंगे। एक बार मिली सफलता भावी सफलता के द्वार खोलती चलती है। अतः ऐसे कार्यों के बारे में बिना सोचे-समझे निर्णय न लें, जिन्हें आप कर नहीं सकें या जिनमें आपको असफलता का सामना करना पड़े, आप आत्मविश्वास को खो बैठें और पलायनवादी मनोविकृति का शिकार हो जाएं। अतः सदैव ध्यान रखें कि भावनाओं में न बहें, सच्चाई को स्वीकारें, यथार्थ में जिएं, यथार्थ में ही निर्णय लें, तभी आप जीवन में सच्ची सफलता प्राप्त कर सकेंगे। तभी आपका व्यक्तित्व संपूर्णता का प्रतीक बन सकेगा।

12

चिंतन कीजिए चिंता नहीं

- *अगर इनसान सुख-दुःख की चिंता से ऊपर उठ जाए, तो आसमान की ऊंचाई भी उसके पैरों तले आ जाए।*

  —शेख सादी

- *भविष्य की भीषण चिंता आंतरिक सद्भावों का नाश कर देती है।*

  —प्रेमचंद

- *यदि चिंता करनी है, तो चरित्र की उन्नति की करो।*

  —संस्कृत सूक्ति

- *वासनाओं का त्याग करो, चिंता स्वयं पीछा छोड़ देगी।*

  —अज्ञात

एक गांव में एक ग्वाला रहता था, नाम था मनमौजी। परिवार के नाम पर मनमौजी के घर में एकमात्र मां थी। पिता का बनवाया हुआ घर, थोड़ी-सी जमीन और दो भैंसें उसे विरासत में मिली थीं। ग्वाला चैन से खेती करता, भैसों को प्यार से चारा खिलाता, दूध दुहता, निश्चिंत होकर रोटी खाता और पेट भर दूध पीता। कोई रोकने-टोकने वाला न था। जब मन होता, खेत पर चला जाता और जब मन होता, मां से बतियाता। न कोई चिंता, न कोई फिक्र।

एक बार गांव के मुखिया ने गांव में कुश्ती के दंगल का आयोजन किया। दूर-दूर से नामी-गिरामी पहलवान आए। मनमस्त ग्वाला भी दंगल देखने पहुंच गया। आखिरी पहलवान ने जब समूचे दंगल को चुनौती दी, तो कोई पहलवान निकल कर अखाड़े में नहीं आया। बिना कुश्ती लड़े ही पहलवान को इनाम दे दिए जाने पर विचार होने लगा और अहंकार में चूर पहलवान दंगल के अखाड़े में दौड़-दौड़कर अपनी ताकत का प्रदर्शन करता रहा, खुश होता रहा।

मनमौजी ग्वाले को पहलवान का अहंकार कचोट गया। वह अखाड़े में कूद पड़ा और पहलवान से जा भिड़ा। देखते-ही-देखते उसने पहलवान को अखाड़े में वह जोरदार पटखनी दी कि बेचारे पहलवान को उठा के अखाड़े में से ले जाना पड़ा। सारे दंगल में खलबली मच गई। लोगों ने मनमौजी की जी भरकर तारीफ की और गांव की इज्जत बचा लेने के लिए उसकी ताकत की बार-बार सराहना की। लेकिन मनमौजी की ताकत गांव के मुखिया की आंखों में खटक गई। उसे डर सताने लगा कि मनमौजी अगर कभी बिगड़ गया, तो गिरवी रखे अपने सारे खेत उसके चंगुल से छीन लेगा। उसने अपने समर्थकों से सलाह की। एक चालाक समर्थक की सलाह पर गांव में घोषणा की गयी कि मनमौजी जैसा ताकतवर पहलवान गांव की शान है, इसलिए आज से मनमौजी की खुराक का सारा जिम्मा मुखिया जी ने उठाने का फैसला किया है। मनमौजी को दूध-घी के साथ-साथ खाने में छुहारे-बादाम और सूखे मेवे भी मिलेंगे। जितना चाहे मनमौजी खा सकता है, लेकिन बस एक छोटा सा काम मनमौजी को करना पड़ेगा। शारीरिक ताकत के साथ-साथ ईश्वर की कृपा प्राप्त करने के लिए मनमौजी को रोज सुबह चार बजे और शाम को दिन ढले नियम से मंदिर में दीपक जलाना होगा।

मंदिर में दीपक जलाना एक नेक काम था, उसमें किसी को क्या आपत्ति हो सकती थी। सभी ने मुखिया जी की उदारता की प्रशंसा की। मनमौजी को भी लगा कि बस दीपक ही तो जलाना है, कौन-सा बड़ा काम है, उसमें भी ईश्वर के मंदिर में दीपक जलाना तो पुण्य का काम ही है। मनमौजी ने भरी सभा में दीपक जलाने की शर्त पर खुशी-खुशी हां कर दी।

मनमौजी लौटकर घर आया। खाना खाया और बिस्तर पर लेट गया। उसने सोने की बहुत कोशिश की मगर नींद नहीं आई। आती भी कैसे ? मंदिर में दीपक जलाने की शर्त पलक झपकते ही उसकी नींद तोड़ देती। सपने में मंदिर दिखाई देता और दिमाग में बस यही चिंता कि कहीं चार न बज जाएं। वह बार-बार औचक कर जग जाता और आसमान की तरफ देखकर अंदाजा लगाता कि अभी चार तो नहीं बज गए। आखिर दीपक जलाने से पहले उसे नहाना भी तो था। यानी कि सारी रात मनमौजी दीपक जलाने की चिंता में जागता रहा। सुबह जब दीपक जलाकर लौटा तो शरीर नींद से चूर था। दिन में घर का काम भी देखना था, सो किया। दोपहर में लौटा तो शाम को दीपक जलाने की चिंता ने आ घेरा। मनमौजी का दिन का चैन और रात की नींद हराम हो गई। वह न कहीं जा सकता था, न मन की मौज में जी सकता। आठों पहर बस एक ही चिंता, कहीं दीपक जलाने का समय न निकल जाए ? मनमौजी पेट भरकर दूध पीता, घी

खाता, बादाम और सूखे फल चबाता, लेकिन कुछ ही दिनों में उसका स्वास्थ्य गिरने लगा। हर समय आंखों में नींद, शरीर में सुस्ती और दिमाग में तनाव। एक चिंता जो थी कि समय पर दीपक न जला, तो गांव भर में अपमान हो जाएगा। अगला दंगल आयोजित हुआ मगर अब मनमौजी में वह ताकत नहीं थी कि कुश्ती के लिए अखाड़े में कूदता। मुखिया अपने सलाहकार की होशियारी पर बहुत खुश था। इतना खाने के बावजूद मनमौजी कुश्ती नहीं जीत सका और गांव-भर में उसकी थू-थू हुई। ऐसी होती है चिंता।

विद्वानों ने चिंता को चिता से भी अधिक घातक बताया है। चिता मुर्दे को जलाती है, लेकिन चिंता तो जीते-जागते आदमी को ही नष्ट कर देती है।

चिंता अज्ञान और आत्म-विश्वास की कमी के कारण पैदा होती है। जिन वस्तुओं के बारे में हमें स्पष्ट ज्ञान नहीं होता है, वे हमारी चिंता का मुख्य विषय बनती हैं। क्योंकि ज्ञान की कमी के कारण व्यक्ति वस्तु स्थिति के बारे में स्पष्ट निर्णय नहीं ले पाता है। चिंता का दूसरा कारण है आत्म-विश्वास की कमी। जब किसी कार्य को करने या परिणाम के पाने में हमें अपनी शक्ति पर भरोसा नहीं होता है, तो हम उसके बारे में कोई स्पष्ट निर्णय नहीं ले पाते हैं और काल्पनिक भय का घेरा अपने चारों ओर खड़ा कर लेते हैं। हमारी कल्पना लगातार नए-नए रूप धारण करके हमको डराती है और अब क्या होगा की स्थिति हमें चिंता से भर देती है। हम द्वंद्व के चक्रव्यूह में फंस जाते हैं और अपना चैन खो बैठते हैं। मानसिक अंतर्द्वंद्व की यह स्थिति बड़ी घातक है। यह मन और मस्तिष्क को बुरी तरह थकाती है, लेकिन विश्राम नहीं करने देती। चिंता की स्थिति में शरीर की सारी गतिविधियां प्रभावित हो जाती हैं। न चिंतातुर व्यक्ति को भूख लगती है, न नींद आती है। वह यदि जबरन कुछ खा भी ले, तो चिंता के कारण उत्तेजित मस्तिष्क पाचन क्रिया पर ध्यान नहीं देता है और भोजन भली प्रकार पच नहीं पाता। बिना पचे हुए भोजन से शक्ति मिलने की बजाय उल्टे अपच, कब्ज आदि रोग और घेर लेते हैं, जो धीरे-धीरे शरीर में अपनी जड़ जमाते हैं और अंदर-ही-अंदर गंभीर रोगों को जन्म देने लगते हैं। इस प्रकार पेट के बहुत से विकारों की जड़ यह कंबख़्त चिंता ही है।

आज के शहरी जीवन में 90 फीसदी से भी अधिक व्यक्ति विभिन्न प्रकार के पेट के रोगों—कब्ज, अपच, अफारा, एसीडिटी आदि का शिकार हैं। ये लोग डॉक्टरों, वैद्यों और हकीमों के पास जाकर लगातार चूरन-चटनी मांगते हैं, लेकिन रोगों को पैदा करनेवाली चिंता पर इनका कभी भी ध्यान नहीं जाता।

चिंताजनित रोग जब जड़ पकड़ लेते हैं, तो ये पेट तक ही सीमित नहीं रहते, मस्तिष्क में अनेक विकार भी पैदा करते हैं। अनिद्रा, बेचैनी, घबराहट, दिल

की धड़कनें बढ़ना, ब्लडप्रेशर और शुगर से लेकर अल्सर और कैंसर जैसे घातक शारीरिक तथा मानसिक विकार चिंता की ही देन माने जाते हैं। चिंता अपने आप में निर्मूल है, लेकिन उसके द्वारा पैदा किए गए रोगों का कारण बड़ा मजबूत है। इसलिए चिंता की जड़ों को प्रारंभ में ही काट देना चाहिए। चिंता यदि एक बार दिमाग में अपना घर बना लेती है, तो धीरे-धीरे मस्तिष्क को चिंता करने की बुरी आदत पड़ जाती है। मनुष्य चिंता करता रहता है। बड़े-से-बड़े कारणों से लेकर सामान्य से सामान्य कारणों पर लगातार सोचता रहता है और उसे यह ध्यान ही नहीं रहता कि वह चिंता कर रहा है। अन्य आदतों की तरह चिंता करना भी उसके स्वभाव में शामिल जो हो गया है।

चिंता का एक मुख्य कारण मोह भी है। मोह और लोभ तथाकथित प्रेम की बुनियाद कहे जा सकते हैं। वस्तुओं के प्रति जिसे लोभ कहते हैं, व्यक्ति के प्रति वही मनोविकार प्रेम या मोह कहा जाता है। अपनी प्रिय वस्तु, प्रिय व्यक्ति या प्रिय भावना, यश-सम्मान, प्रतिष्ठा, पद आदि के प्रति अत्यधिक लगाव हमारे अंदर अनजाने ही चिंता के बीज बो देता है। क्योंकि यह एक मनोवैज्ञानिक सत्य है कि जिस चीज को हम जितना अधिक चाहते हैं, हम उसके बारे में उतना ही अधिक बुरा सोचते हैं।

बच्चे के लौटने में देर हो जाने पर एक मां को सबसे ज्यादा चिंता इस बात की होती है कि बच्चा यदि छोटा है, तो कहीं खो न गया हो, कोई उसे बहला के नहीं ले जाए, कहीं उसका एक्सीडेंट न हो जाए। व्यर्थ के चिंताजनित डर से माता का कलेजा बैठता जाता है। ठीक इसी प्रकार एक लोभी व्यक्ति कभी भी इस बात से निश्चिंत नहीं रहता कि वह घर पर जो संपत्ति रखकर आया है, वह सुरक्षित भी रह पाएगी। उसे लगातार यह काल्पनिक चिंता और उससे पैदा भय सताता रहता है कि कहीं उसके पीछे कोई उसकी संपत्ति को हड़प न ले, चुरा न ले। रास्ते में यात्रा के दौरान चोर-जेबकतरे व्यक्ति के इस मनोविज्ञान को बखूबी जानते हैं और उसका लाभ भी उठाते हैं। ऐसे अनेक उदाहरण मिलते हैं कि भीड़-भाड़ में व्यक्ति का ध्यान सबसे अधिक उस स्थान पर रहता है, जहां उसने पैसा छिपाकर रखा है। जेबकतरों की तेज नजरें तुरंत भांप लेती हैं और सधे हुए हाथ जेब साफ कर देते हैं। अधिकतर व्यक्तियों के नुकसान के लिए स्वयं उनका चिंतातुर मन जिम्मेदार होता है।

चिंता की कंटीली झाड़ियों को ठोस निर्णय की तलवार से काटकर फेंका जा सकता है। आवश्यकता इस बात की है कि हम ठोस निर्णय लेने की क्षमता अपने भीतर पैदा करें।

ठोस निर्णय लेने की क्षमता के लिए वस्तुस्थिति का पूरा ज्ञान और आत्म-विश्वास की आवश्यकता होती है। वस्तुस्थिति के पूरे ज्ञान के बिना आत्म-विश्वास क्षणिक उत्तेजना बनकर रह जाता है और व्यक्ति सही दिशा में सही कार्य नहीं कर पाता। वस्तुस्थिति का ज्ञान होने पर आवश्यकता होती है आत्म-विश्वास की। क्योंकि आत्म-विश्वास की कमी में व्यक्ति वस्तुस्थिति से संघर्ष करके उस पर काबू पाने का सहास नहीं जुटा पाता और या तो संघर्ष शुरू ही नहीं करता या शुरू भी कर देता है, तो बीच में ही छोड़कर भाग खड़ा होता है। इसलिए आवश्यक है कि वस्तु स्थिति के पैदा होते ही उस पर तटस्थ होकर चिंतन करें, तुरंत ठोस निर्णय पर पहुंचे और फिर उस निर्णय पर पूरे आत्म-विश्वास, पूरी शक्ति से अमल करें। आप देखेंगे कि निर्णयों पर ठोस पहल शुरू करते ही समस्या आधी से अधिक हल हो गई है।

तटस्थता पूर्वक लिए गए ठोस निर्णय आपको परिस्थिति से लड़ने का पूरा हौसला देंगे। आप स्वयं इन रास्तों से निकालने में सफल हो जाएंगे, जो आपको लक्ष्य तक ले जाने वाले हैं। इसलिए चिंता नहीं चिंतन करें। चिंतन द्वारा जल्दी से जल्दी ठोस निर्णयों पर पहुंचकर मन को अंतर्द्वंद्व से बचाएं और निर्णयों पर पूरी ताकत और आत्म-विश्वास से अमल करें। सफलता आपके कदम चूमेगी, दुनिया आपको आंखों पर बिठा लेगी।

इन्हें अवश्य अपनाएं

- धैर्य : सफलता की कुंजी
- आशा ही जीवन है
- आत्मविश्वास : सफलता का मूल
- चाह ही राह होती है

13

धैर्य : सफलता की कुंजी

> - जिसके पास धैर्य है, वह जो कुछ इच्छा करता है, उसे प्राप्त कर सकता है।
> —बैंजामिन फ्रैंकलिन
> - धैर्य वीरता का अति उत्तम, मूल्यवान् और दुष्प्राप्य अंग है।
> —रस्किन
> - शोक में, आर्थिक संकट में अथवा प्राणांतकारी भय उपस्थित होने पर जो अपनी बुद्धि से दुःख निवारण का विचार करते हुए धैर्य धारण करता है, उसे कष्ट नहीं उठाना पड़ता।
> —बाल्मीकि रामायण
> - धीरज, धर्म, मित्र और नारी इन चारों की परीक्षा आपत्तिकाल में ही होती है।
> —तुलसीदास

धैर्य हमारे व्यक्तित्व एवं चरित्र का बड़ा ही महत्त्वपूर्ण गुण है। धैर्य वह मानसिक अवस्था है, जिसमें हमारा मन विपरीत परिस्थितियों में भी विचलित नहीं होता। मन का विचलित न होना इस बात का प्रमाण है कि हमने परिस्थितियों को अपने ऊपर हावी नहीं होने दिया और परिस्थितियों को अपने ऊपर हावी न होने देने का सीधा अर्थ है कि हम स्वयं को, अपने मन और बुद्धि को सामने खड़ी विपरीत परिस्थितियों से अधिक सक्षम मान रहे हैं। कोई कमजोर व्यक्ति किसी शक्तिशाली व्यक्ति पर हावी नहीं हो सकता। सच मानिए, परिस्थिति भले ही कितनी भी भयावह हो, यदि हम उसे तुच्छ समझते हैं तो वह कभी भी हमारे मन या बुद्धि पर हावी नहीं हो सकतीं। हमारा कुछ भी बिगाड़ नहीं सकतीं। परिस्थितियां हमारे मन और बुद्धि पर तभी हावी होती हैं, जब हमारा मन कमजोर हो जाता है।

मन का शक्तिशाली होना दो बातों पर निर्भर करता है। एक तो यह कि हमारी जीवन के प्रति धारणाएं कितनी शक्तिशाली हैं और दूसरे जो विशेष परिस्थितियां हमारे सामने आई हैं, वैसी परिस्थितियों को सुलझाने या सहन करने का हमारा अभ्यास कितना परिपक्व है।

यदि आप अपनी मोटर साइकिल या कार लेकर घर से निकलते हैं। रास्ते में सुनसान स्थान पर आपकी गाड़ी खराब हो जाती है। यदि आपके पास पर्याप्त पैसा है, तो आप सोच लेंगे कि चलो गाड़ी को ठीक करा लेंगे। यह शक्ति आपके मन को विचलित होने या घबड़ाने से रोक देगी। दूसरी स्थिति यह है कि आपको यह जानकारी है कि गाड़ी में खराबी क्या आई है। ऐसी स्थिति में आप तुरंत अपने ज्ञान के आधार पर गाड़ी की खराबी दूर करने में जुट जाएंगे। आपका यह ज्ञान, गाड़ी ठीक करने का अभ्यास आपको विचलित नहीं होने देगा।

धैर्य धारण करने के लिए अपने आपको सुरक्षित महसूस करना परम आवश्यक है। जब तक आप स्वयं को सुरक्षित महसूस करेंगे। परिस्थितियां आपके मन में घबराहट पैदा नहीं कर सकती हैं। जैसे ही आप अपने आपको असुरक्षित महसूस करेंगे, परिस्थितियां आपके ऊपर हावी हो जाएंगी। इस असुरक्षा की स्थिति में आपमें घबराहट भी हो सकती है, विवेकशून्यता भी हो सकती है और ऐसी स्थिति में आपके निर्णय गलत भी हो सकते हैं। आप बौखलाहट में अपना नुकसान कर सकते हैं तथा आक्रामक होकर परिस्थितियों को नष्ट करने का निर्णय लेकर या कोई अन्य असामान्य व्यवहार करके खतरे भी बढ़ा सकते हैं। अपराध का सबसे बड़ा कारण व्यक्ति का स्वयं को असुरक्षित महसूस करना और प्रतिक्रिया स्वरूप घबराहट में लिए गए निर्णय होते हैं।

धैर्यहीनता की स्थिति में क्योंकि व्यक्ति का विवेक काम करना बंद कर देता है और वह घबराहट में निर्णय ले लेता है, अतः ऐसे निर्णय प्रायः स्वयं उस व्यक्ति को या समाज को खतरा पैदा करने वाले ही होते हैं। अतः अधैर्य से बचें और अपने धैर्य को सदैव धारण किए रखें।

हम बता चुके हैं कि धैर्य धारण करने के लिए हमारी धारणाओं का मजबूत होना बहुत आवश्यक है। जब मजबूत धारणाओं से हमारा मन भरा हुआ होगा, तो कोई भी परिस्थिति हमें घातक नहीं लगेगी।

धारणाएं वस्तुतः हमारे ठोस निर्णय हैं। जब किसी व्यक्ति, वस्तु या विचार के बारे में हम ठोस निर्णय ले लेते हैं और अपने मस्तिष्क में इन निर्णयों को स्थापित कर देते हैं, तो धीरे-धीरे ये निर्णय हमारी धारणा बन जाते हैं।

आवश्यक नहीं कि धारणाओं के पीछे कोई स्थूल या भौतिक ताकत ही हो जैसे कि हम शरीर से बहुत शक्तिशाली हों, बहुत पैसे वाले या बहुत धन-संपत्ति वाले हों। धारणाओं के पीछे नितांत वैचारिक कारण भी होते हैं। यदि हम कहें कि भौतिक शक्ति की अपेक्षा वैचारिक शक्ति सदैव ही अधिक मजबूत धारणाएं बनाती हैं और हमें अधिक धैर्य शक्ति देती है, तो कोई अतिशयोक्ति नहीं होगी।

भगवान श्री राम सारी भौतिक संपदा को अयोध्या में छोड़कर वनवास में चले गए। वनवास काल में श्री राम पर जो-जो विपत्तियां आईं, वे किसी से छिपी नहीं हैं, किंतु उनकी धैर्य शक्ति ने विकट-से-विकट परिस्थितियों पर विजय प्राप्त कर दुनिया के आगे अपने अनुपम धैर्य का उदाहरण रखा। भीष्म पितामह के धैर्य और साहस के आगे मृत्यु भी छः महीने तक हाथ जोड़कर खड़ी रही। श्रीकृष्ण अस्त्र प्रयोग न करने का वचन देकर महाभारत में शांत और प्रसन्नचित्त रहे, यह धैर्य का ही तो परिणाम था।

व्यक्ति की सफलता के पीछे उसके अपने धैर्य की बड़ी महत्त्वपूर्ण भूमिका है। कायर या डरपोक लोग कभी भी जीवन में सफलता की ऊंचाई को नहीं छू पाए। सफलता के शिखर पर आज भी केवल वे ही लोग बैठे हुए हैं, जो धैर्य और साहस के सहारे परिस्थितियों से जूझे, किंतु कभी भी असफलता या कमजोरी जैसी भावना को पास नहीं फटकने दिया। वे चाहे बड़े पूंजीपति हों, राजनेता हों, अधिकारी हों, कलाकार हों या किसी भी क्षेत्र के विशेषज्ञ। यशस्वी और अधिकारिक तभी बने हैं, जब परिस्थितियों की आग में सोने की तरह तपने के बाद चमके हैं।

सच्चाई वही है कि परिस्थितियों के मुकाबले में आपकी धारणाएं कितनी मजबूत हैं। आप अपने निर्णय पर कितने अडिग हैं। सरदार भगत सिंह भली प्रकार जानते थे कि स्वतंत्रता संग्राम की जिस आग में वे कूदे हैं, उसका परिणाम आत्मत्याग है, बलिदान है, किंतु देश को आजाद कराने की धारणा इतनी परिपक्व और ठोस थी कि मौत का फरमान भी उसे विचलित नहीं कर सका। जिस मौत के भय से बड़े-बड़े शक्तिशाली लोग थर-थर कांपने लगते हैं, उसी फांसी के फंदे को चूमना स्वाधीनता सेनानी आत्म-गौरव का विषय समझते थे। हंसते-मुस्कराते गीत गाते फांसी के फंदे की ओर बढ़ते थे। खुद फांसी का फंदा गले में डालते और चिरनिद्रा में सो जाते। मृत्यु के प्रति उनकी धारणा का अंदाज इसी से लगाया जा सकता है कि फांसी के बाद भी सरदार भगतसिंह, राजगुरु और सुखदेव के चेहरे पर भय या डर के कोई लक्षण नहीं थे। यह धैर्य का ही तो परिणाम था। उनकी मजबूत धारणा का ही तो परिणाम था, जिसने दुनिया की सबसे भयंकर परिस्थिति अर्थात् मौत को भी अपने मन पर हावी नहीं होने दिया।

धैर्य हमारा नितांत व्यक्तिगत गुण है। यह गुण हमें स्वयं ही धारण करना पड़ता है। दूसरों की सलाह सुझाव या मदद धैर्य धारण करने में कुछ सहयोग अवश्य देते हैं, किंतु अंततः परिस्थितियों से हमें स्वयं ही लड़ना पड़ता है, उन्हें पराजित करना पड़ता है।

विपरीत परिस्थितियों का सामना जीवन में सभी को करना पड़ता है। किसी को कम तो किसी को ज्यादा, किसी को आज तो किसी को कल और ये परिस्थितियां ही हमारे धैर्य की परीक्षा की सच्ची कसौटी हैं। सभी को इस कसौटी पर कसना ही पड़ता है। जो लोग जितने अधिक धैर्य और साहस से इस परीक्षा में खरे उतरते हैं, सफलता उतनी ही खुशी से उनके चरण चूमती है और जो कायर परिस्थितियों के सामने आते ही धैर्य खो बैठते हैं, वे परिस्थितियों के गुलाम होकर परवशता का जीवन जीते हैं। विपरीत परिस्थितियों में अपने धैर्य की परीक्षा के लिए महाकवि तुलसीदास ने एक बहुत सुंदर चौपाई लिखी है—

धीरज धरम मित्र अरु नारी।
आपति काल परखिए चारी।।

अर्थात् अपने धैर्य, अपने धर्म, अपने मित्र और अपनी पत्नी की वास्तविक परीक्षा व्यक्ति को आपत्तिकाल में करनी चाहिए।

कहने के लिए तो सभी व्यक्ति अपने आपको साहसी और धैर्यवान् समझते हैं। अपने को धार्मिक मानते हैं। अपने मित्रों पर बड़ा भरोसा करते हैं और अपनी पत्नी को तो अर्द्धांगिनी समझकर कभी ये विचार भी मन में नहीं ला सकते कि विकट परिस्थितियों में इनसे सहायता नहीं मिल सकेगी। किंतु इनकी वास्तविक पहचान तो आपत्तिकाल आने पर ही होती है।

तुलसीदास की चौपाई को यदि हम गौर से देखें, तो उन्होंने आपत्तिकाल में परखने वाली वस्तुओं का एक विशेष क्रम रखा है—धैर्य, धर्म, मित्र और नारी। अर्थात् विपरीत परिस्थिति आने पर व्यक्ति को सबसे पहले अपने धैर्य को परखना चाहिए। यदि परिस्थिति इतनी विकट हो कि आपका धैर्य साथ न दे, आप स्वयं निर्णय नहीं ले पा रहे हों, तो धर्म की शरण में जाना चाहिए और अपने पूर्वजों के अनुभवों से लाभ लेते हुए उन परिस्थितियों का निराकरण करने का प्रयास करना चाहिए। यदि किसी कारणवश धार्मिक उपदेशों से भी आप किसी निर्णायक स्थिति में नहीं पहुंच पा रहे हों, तो मदद के लिए मित्रों के पास जाना चाहिए और परिस्थिति के अनुकूल सहयोग लेकर परेशानियों से अपने आपको मुक्त करना चाहिए, किंतु यदि किसी कारणवश मित्र भी सहायता करने में असमर्थ हो जाए, तो पत्नी से सहयोग लेना चाहिए। किंतु आज व्यक्ति की मानसिकता ही बिलकुल

विपरीत हो गई है। विपरीत परिस्थिति के आते ही वह सबसे पहले पत्नी से मदद लेता है अर्थात् घर फूंक कर परिस्थिति से बचना चाहता है। जब घर में या पत्नी के पास मदद लेने लायक कुछ नहीं बचता, तो मित्रों का मन टटोलता है। उनसे मदद की गुहार करता है और जब मित्र भी मदद कर देने से मना कर देते हैं, तो धर्म के नाम पर पूर्वजों के निर्णयों से ज्ञान प्राप्त करने की बजाय मंदिर में दीपक जलाना शुरू कर देता है। भगवान भी जब स्वार्थी समझ कर उसकी मदद नहीं करते, तो फिर अपने धैर्य की परीक्षा लेता है ? लेकिन तब तक धैर्य भी नष्ट हो चुका होता है। इसलिए परिस्थितियों के सामने असहाय होकर बैठ जाता है। मन मारकर विवश होकर मजबूरी में हाथ-पैर मारना बंद करता है और इस मजबूरी को नाम देता है संतोष का, सब्र का कि मैंने सब्र कर लिया।

धीरज, धर्म, मित्र और नारी की परीक्षा तो तुलसीदास द्वारा बताई गई पहली विधि से भी होती है और व्यक्ति द्वारा अपनाई गई दूसरी विधि से भी। लेकिन पहली परिस्थिति परीक्षा का सही और सफल मापदंड है और दूसरी परिस्थिति परीक्षा नहीं विवशता, अधैर्य का प्रतीक है। अतः हमें यह स्पष्ट रूप से समझ लेना चाहिए कि परिस्थिति कैसी भी हो उसका मुकाबला स्वयं हमें ही करना है और अपने धैर्य से करना है। इसलिए सबसे पहले अपने ही धैर्य की परीक्षा लेनी चाहिए। अधिकांश विपरीत परिस्थितियां तो हमारे तन कर खड़े होते ही स्वयं समाप्त हो जाती हैं। हमारे अंदर आत्म-विश्वास जागते ही भाग खड़ी होती हैं और हमें किसी की मदद की आवश्यकता ही नहीं होती।

धारयिते इति धर्मः के आधार पर धारण करने योग्य जो है, वही धर्म है अर्थात् हमारी पुष्ट धारणाएं ही सच्चा धर्म है। अतः धर्म की शरण में जाने का सीधा अभिप्राय अपनी धारणाओं को टटोलना, उनकी मजबूती को परखना भी है। इस प्रकार इस चौपाई में महाकवि ने आपत्तिकाल में धारणाएं और धैर्य के माध्यम से व्यक्ति की आंतरिक शक्तियों तथा मित्र और पत्नी के माध्यम से सामाजिक संबंधों की घनिष्ठता और समर्पण की परीक्षा लेने पर बल दिया है। तुलसीदास की इस चौपाई से यह अर्थ भी ध्वनित होता है कि यदि धैर्य और धारणा जैसे हमारे दो आंतरिक गुण मजबूत हैं, तो बहुत संभावना है कि हमें बाह्य व्यक्तियों से सहायता लेने की आवश्यकता ही नहीं पड़े। और इन दो आंतरिक गुणों के अभाव में बाह्य सहायता कोई विशेष महत्त्व भी नहीं रखती है, क्योंकि धैर्य खो चुके व्यक्ति को या तो बाह्य सहायता मिलती नहीं है और यदि मिल भी जाती है, तो धैर्यहीनता के कारण वह इस सहायता से कोई विशेष लाभ भी नहीं उठा सकता।

निष्कर्षतः व्यक्ति का सच्चा मित्र तो उसका अपना धैर्य ही है। विपरीत परिस्थितियों में इसी को मजबूत बनाना चाहिए। इसी की समीक्षा करनी चाहिए और इसी के द्वारा सफलता प्राप्त करनी चाहिए। धैर्यहीन व्यक्ति कायरों की भांति जीता है। कायरता के कारण वह जीवन की हर समस्या, हर सच्चाई से भागता रहता है। अतः सफलता ऐसे व्यक्ति के पास भी नहीं फटकती। बार-बार की असफलता उसे और अधिक कायर तथा कुंठित बनाती जाती है और वह सदैव असामान्य या मानसिक रोगी की तरह विभिन्न प्रकार के रोग-शोकों का शिकार होकर जीवन जीता है। ऐसा जीवन निरर्थक है, बेमानी है। एक कायर जीवन में हजार बार मरता है और हजार बार जिंदा होता है, उसकी न जिंदगी का कोई अर्थ है और न मौत का। इसलिए धैर्यवान् बनें। सिद्धांतों की दृढ़ता के साथ जीवन जिएं, फिर देखिए जिंदगी तो खुशी और सफलताओं से भर ही जाएगी, मौत भी आपकी आज्ञा के बिना आपका द्वार नहीं खटखटा पाएगी। फिर आप जिएंगे भी अपनी खुशी से और इस संसार से जाएंगे भी अपनी खुशी से। यानी कि धैर्य आपकी खुशी, आपकी सफलता का सबसे मजबूत आधार है। इस आधार पर पांव जमाकर खड़े होइए और सुख, समृद्धि, यश, मान, प्रतिष्ठा से भरपूर जीवन भोगिए। धैर्यवान बनिए, वीर बनिए क्योंकि वसुन्धरा का भली प्रकार भोग वीर ही कर सकते हैं।

14

आशा ही जीवन है

> - आशा उत्साह की जननी है। आशा में तेज है, जीवन है। आशा ही संसार की संचालन शक्ति है।
> —प्रेमचंद
> - जहां कोई आशा नहीं होती, वहां कोई उद्यम भी नहीं होता।
> —जॉनसन
> - मनुष्य की सब उन्नति, जीवन की सफलता और सृष्टि की चरितार्थता आशावाद में ही प्रतिष्ठित है।
> —अज्ञात
> - आशा अमर है, उसकी आराधना कभी निष्फल नहीं होती।
> —महात्मा गांधी

जीवन और जगत में जो कुछ भी कार्य व्यापार चल रहा है, उस सबकी जननी आशा ही है। मन में उत्साह, उमंग, साहस, परिश्रम की भावना, रुचि, आनंद आदि जितने भी सकारात्मक भाव संचरित हो रहे हैं, उन सबका मूल कारण आशा ही है। जगत में आज जो भी उपलब्धियां हम देख रहे हैं, वह सब आशा की ही देन है। व्यक्ति में जिजीविषा का मूल कारण भी तो आशा ही है। 'जब तक श्वास तब तक आस' जैसी लोकोक्तियां इसी तथ्य को तो प्रमाणित करती हैं कि आशा ही जीवन का प्रतिरूप है, आशा ही जीवन का आधार है, आशा ही जीवनदायिनी शक्ति है, आशा ही जीवन है।

आशा की यह डोर जैसे ही कमजोर पड़ती है, जीवन की डोर कमजोर पड़ने लग जाती है। जीवन से यदि आशा को निकाल दिया जाए, तो जीवन,

जीवन नहीं, एक उमंग, उत्साह और जिजीविषा विहीन काया मात्र रह जाएगा। निराशा और उदासी आकर घेर लेगी। असफलता और लक्ष्यहीनता पैरों में बेड़ियां डाल देगी और व्यक्ति लक्ष्यहीन तथा पथभ्रष्ट की श्रेणी में जा खड़ा होगा।

आशा विश्वास की जननी है। किसी भी लक्ष्य को प्राप्त करने का विश्वास ही उस लक्ष्य को प्राप्त करने में सफलता का आधार बनता है। आशा और विश्वास के जाग्रत होते ही लगन और परिश्रम अपना दायित्व पूरी शक्ति से निभाते हैं। लगन और परिश्रम के साथ किया हुआ कार्य ही सफल होता है। इसीलिए आशा को जीवनी शक्ति और विश्वास को फल देने वाला कहा गया है विश्वासं फल दायकम्।

आशा जहां एक ओर हमें लक्ष्य के प्रति समर्पित करती है, उसे प्राप्त करने के लिए प्रोत्साहित करती है, वहीं दूसरी ओर शरीर को भी कार्य करने की शक्ति प्रदान करती है। आज जगत में जो भी उपलब्धियां हमें दिखाई दे रही हैं, सब आशा का ही परिणाम हैं। आशावादियों की ही देन हैं। किसी भी निराशावादी ने कभी कोई उपलब्धि हासिल नहीं की।

व्यक्ति जब भी कोई लक्ष्य निर्धारित करता है, उसके प्राप्त कराने का कार्य आशा ही करती है। आशा के ही पन्नों पर उपलब्धियों की गाथाएं लिखी जाती हैं। आशा का संबल लेकर ही तो जीवन में महान् खोजें संभव हो सकी हैं। आशा ने ही तो हमें वर्तमान जीवन की सुख-सुविधाएं उपलब्ध कराई हैं। आशा और विश्वास के सहारे ही तो व्यक्ति कर्म में प्रवेश होने और इच्छित फल पाने की योजना बनाता है। यदि किसी कार्य में सफलता की आशा और विश्वास न हो तो व्यक्ति कार्य को आरंभ ही नहीं करेगा।

आशा का विपरीत मनोभाव है निराशा। निराशा का अर्थ है किसी कार्य में सफलता की आशा छोड़ देना अर्थात् असफलताओं के आगे घुटने टेक देना, अपनी पराजय स्वीकार कर लेना। पराजय स्वीकार कर लेने वाले व्यक्ति की शारीरिक शक्ति और मानसिक उत्साह दोनों ही समाप्त हो जाते हैं यानी वह पूरी तरह अपना आत्मविश्वास खो बैठता है। अपनी पराजय को मन से स्वीकार कर लेना बड़ा घातक होता है। क्योंकि मन की प्रेरणा से ही तो हमारा शरीर, हमारी सभी इंद्रियां कर्म में प्रवेश करती हैं। जब मन ही मर गया, तो इंद्रियां अपने उत्तरदायित्वों अर्थात् कर्म को कैसे निभा सकती हैं और कर्म के बिना सफलता की कामना करना ही बेमानी है। अतः हर हालत में मन को निराश होने से बचाएं।

निराशा का शरीर पर बड़ा गंभीर दुष्प्रभाव पड़ता है। निराशा हमारी क्षमताओं को घुन की तरह नष्ट कर देती है। निराशा की अवस्था में हमारे शरीर के सभी

अंग शिथिल हो जाते हैं, उनकी क्षमता प्रायः समाप्त हो जाती है और व्यक्ति पूरी तरह निढाल होकर कर्म से विमुख हो जाता है। वह या तो किसी कार्य को शुरू करता ही नहीं है और यदि परिस्थितियों के दबाव में आकर कार्य को शुरू भी कर देता है तो बहुत जल्द ही उस कार्य को छोड़कर भागने का प्रयास करता है। निराशा से घिरा हुआ व्यक्ति अपनी शक्तियों का उपयोग कार्य में करने के बजाय कार्य को छोड़कर भगाने में अधिक करता है। कार्य न करने की अवस्था में वह बार-बार असफल होता है और हर बार की असफलता एक नई निराशा को जन्म देती है। घर-मोहल्ले समाज में ऐसे व्यक्ति की बदनामी होती है, सो अलग। इस प्रकार उसके मन में धीरे-धीरे असफलताओं का अंबार लग जाता है और वह एक ऐसे चक्रव्यूह में फंसता जाता है, जहां हर कदम पर एक नई पराजय उसकी प्रतीक्षा कर रही होती है।

निराशा मन की क्षमताओं का सर्वनाश करने वाली एक महाभयंकर स्थिति है, जो धीरे-धीरे मन को शक्तिहीन करके रोगी बना देती है। निराशा आशा और उत्साह का विपरीत मनोभाव है। आशा और उत्साह की स्थिति में मन अपनी शक्तियों को पूरी दृढ़ता और प्रसन्नता के साथ उपयोग करने में कोई रुचि नहीं लेता।

मन की शक्ति अपरंपार है। अब तो वैज्ञानिक प्रयोगों से भी यह बात पूरी तरह पुष्ट हो चुकी है कि मन यदि एक बार दृढ़ निश्चय कर ले, तो संसार का कोई कार्य उसके लिए असंभव नहीं है। मन हमारी कर्मेंद्रियों और ज्ञानेंद्रियों का स्वामी है। स्वामी अपने अधीन इंद्रियों की शक्तियों को चाहे तो कितना भी बढ़ा सकता है और कितना भी कम कर सकता है। वैज्ञानिक प्रयोगों ने अब तो यहां तक सिद्ध कर दिया है कि हमारा मन चाहे तो हमारी संपूर्ण इंद्रियों या किसी विशेष इंद्रिय की कार्यक्षमता ही नहीं उसके रंग, रूप, आकार, प्रकार में भी वांछित परिवर्तन कर सकता है।

कुछ दिनों पहले हमने एक घटना पढ़ी थी   औरंगजेब के शासनकाल में धार्मिक मतावलंबियों पर खासी गाज गिरी थी। एक तो सुन्नी मुसलमान होने और दूसरे तार्किक बुद्धि के कारण वह धार्मिक कर्मकांडों का कट्टर विरोधी था। उन दिनों सखी संप्रदाय के नाम से कृष्ण भक्तों का एक विशेष संप्रदाय था। इस संप्रदाय के भक्त भले ही वे शारीरिक आधार पर पुरुष हों, किंतु अपने आपको कृष्ण की सहचरी मानते थे। उनकी आध्यात्मिक धारणा थी कि श्री कृष्ण परम ब्रह्म हैं और व्यक्ति शरीर में ज्योतिर्मान आत्मा उनका अंश है, यह अंश प्रेम द्वारा ही अपने पूर्ण रूप को प्राप्त कर सकता है और प्रभु से सर्वाधिक प्रेम उनकी सखी के रूप में ही किया जा सकता है। इसलिए हम उनकी सहचरी हैं। अतः

ये भक्त सखी के रूप में नारी के समान वस्त्र पहनते, आभूषणों से शरीर को सजाते, मांग में सिंदूर, बालों की चोटी आदि सभी सोलह शृंगार करके कृष्ण की सखी के रूप में उनसे रास रचाने के लिए सदैव मुग्ध मन से तत्पर रहते।

एक दिन औरंगजेब ने ऐसे ही एक सखी संप्रदाय के सजे-धजे भक्त को देखा। यह भक्त देखने में पुरुष दिखाई देता था, किंतु शृंगार नारी के समान किए हुए था। औरंगजेब ने जब दरबारियों से इसका कारण पूछा, तो उसे अपने सलाहकारों के उत्तर से संतुष्टि नहीं हुई और उसने उस व्यक्ति को बंदी बनाने का आदेश दे दिया। उस भक्त ने पूरी दृढ़ता के साथ इसका विरोध किया और बादशाह को बताया कि मैं तो कृष्ण की सखी हूं, इसलिए इस वेश-भूषा में रहती हूं। मेरा तो एकमात्र उद्देश्य अपने परम प्रिय कान्हा को साहचर्य का सुख देना है। औरंगजेब उस भक्त की बात से और भी रुष्ट हो गया और उसे कारागार में डालने की आज्ञा दे दी, और कहा कि हम कल तुम्हारा परीक्षण कराएंगे कि तुम पुरुष हो या कृष्ण की सहचरी सखी।

दूसरे दिन बादशाह के आदेश पर उस भक्त का दैहिक परीक्षण कराया गया। उपस्थित लोग यह देखकर हैरान रह गए कि शारीरिक ढांचे से पुरुष लगने वाला वह भक्त यौन अंगों के आधार पर वास्तव में स्त्री है। उस समय यह घटना सभी को आश्चर्यजनक लगी होगी, मगर आज जब वैज्ञानिकों ने यह सिद्ध कर दिया है कि मन हमारे शारीरिक अंगों के रूप और आकार को भी बदल सकता है, तो वह घटना हमारे मन की शक्ति का साक्षात प्रमाण लगती है।

दैनिक जीवन में भी हम यदि गौर से देखें तो यह स्पष्ट हो जाएगा कि हमारे सारे क्रिया-कलाप मन के आधार पर ही संपन्न होते हैं। हम वही देखते हैं, जो हमारा मन हमें दिखाना चाहता है। वही सुनते हैं, जो हमारा मन हमें सुनाना चाहता है और वही करते हैं, जो हमारा मन हमसे कराना चाहता है। बिना विशिष्ट अभ्यास के हम अपने मन की आज्ञा का उल्लंघन नहीं कर सकते। हां, हम बुद्धि और विवेक के माध्यम से भी कार्य करते हैं, कर सकते हैं किंतु इसके लिए हमें पूरी सम्मति के साथ अपने मन को नियंत्रण में करना होगा। सामान्य व्यक्ति इतना जागरूक न रहता है, न रहना चाहता है। आपने अकसर लोगों को कहते सुना होगा कि अमुक कार्य करने का मेरा 'मूड' नहीं है। यह मूड क्या है ? दरअसल यह 'मूड' एक विशेष मानसिक स्थिति ही तो है। वह स्थिति जिसमें आपका मन उस कार्य विशेष को करने में रुचि नहीं लेना चाहता है। यदि हम अपने मन को समझाने में सफल हो सकें और उसे उस कार्य में रुचि लेने को तैयार कर लें, तो 'मूड' शब्द का कोई अर्थ ही नहीं रह जाता। किंतु सामान्यतः हम

ऐसा इसलिए नहीं कर पाते, क्योंकि हमें अपने मन को नियंत्रण में करने का अभ्यास नहीं है। मन यदि खुश है तो खुश है और यदि निराश है तो निराश है। निराशा हमारी अभ्यासहीनता की देन है।

निराशा हमारे मन और बुद्धि पर भयंकर दुष्प्रभाव डालती है और जीवन को अभिशाप बना देती है। निराशा के परिणामस्वरूप हमारी मानसिक और शारीरिक शक्ति लगातार क्षीण होती जाती है और हमारा आत्मविश्वास समाप्त होता जाता है। अपनी शक्तियों के खोते जाने से व्यक्ति लगातार पराश्रित होता जाता है। वह अपने छोटे-छोटे शारीरिक कार्यों के लिए भी दूसरों पर निर्भर होना शुरू कर देता है। मानसिक रूप से दूसरों के ऊपर यही निर्भरता व्यक्ति को भाग्यवाद की ओर ले जाती है।

भाग्य को मानना कोई बुरी बात नहीं है किंतु एक निराश व्यक्ति जिस रूप में भाग्य को मानता है, वह निश्चित ही गलत है। निराश व्यक्ति अपनी पराजय की कुंठा को छिपाने के लिए, अपनी कर्महीनता को छिपाने के लिए भाग्य की आड़ लेता है और भाग्यवादी होकर कर्म से लगातार दूर भागता जाता है।

आध्यात्मिक दृष्टिकोण से भाग्य हमारे प्रारब्ध कर्मों तथा संचित कर्मों का फल है। अर्थात् हमने विगत समय में जो कर्म किए हैं, उनका वर्तमान में मिलने वाला परिणाम भाग्य है। हम यह पहले ही स्पष्ट कर चुके हैं कि कर्मफल कोई अनायास प्रकट हुई वस्तु नहीं है, यह तो हमारे कर्मों का निश्चित परिणाम है और विज्ञान की तरह ही शाश्वत तथा प्रामाणिक है। अर्थात् हम जैसे कर्म कर चुके हैं, उनका वैसा ही फल हमें मिल रहा है, आगे जैसे कर्म करेंगे उनका भी वैसा ही फल मिलेगा।

भाग्यवादी के साथ दुर्भाग्य यह है कि वह अतीत में किए गए कार्य के परिणामों को कर्म की देन न मानकर ईश्वर की देन मानने लगता है और यह धारणा उसके मन में इतनी मजबूत हो जाती है कि वह आज किए जाने वाले कर्मों पर ध्यान देने या उन्हें करने की बजाए उन्हें भी भाग्य की भट्ठी में झोंक देता है। वह यह भूल जाता है कि जब आज कर्म कर ही नहीं रहा, तो कल इसका परिणाम कैसे प्राप्त होगा।

एक बात विशेष रूप से ध्यान देने की है कि सामान्य व्यक्ति असफलता, दुःख और निराशा की अवस्था में ही भाग्य का दामन थामता है। जब तक उसे सफलता मिलती रहती है, उसके मन में आशा का उत्साह होता है और जीवन में सुख। इस सफलता, आशा और सुख का श्रेय वह कभी ईश्वर को नहीं देता। इस सुख पर तो वह अपनी बुद्धिमत्ता की छाप लगाकर खुद को इसका ही नियंता

मानता है और अपनी व्यक्तिगत उपलब्धियों पर खुश होता फिरता है। हां, असफलता की स्थिति में अपने मन को दुःख से बचाने के लिए तथा अपनी प्रतिष्ठा को समाज की दृष्टि में अपमानित होने से बचाने के लिए सारा दोष भाग्य के सिर मढ़कर निश्चिंत हो जाना चाहता है। बस, व्यक्तिगत कुंठाओं को भाग्यवाद की आड़ में छिपाने की यह प्रवृत्ति ही उसके जीवन के लिए विध्वंसकारी सिद्ध होती है। वह कर्म से अपना नाता तोड़ लेता है और कर्म न करने की स्थिति में कर्मफल अर्थात् सफलता से उसका नाता स्वयं ही टूट जाता है।

अतः सदैव ध्यान रखें कि सफलता प्राप्त करने के लिए कर्म करना नितान्त आवश्यक है और उत्साह के साथ कर्म करने के लिए आशा का होना। उचित कर्म के बिना सुख नहीं है और आशा के बिना कर्म उचित प्रकार से नहीं किया जा सकता। इस प्रकार जीवन में प्रति पल आशा की आवश्यकता है। जैसे देह के लिए श्वास की आवश्यकता है, ठीक उसी प्रकार सफल और सुखी जीवन जीने के लिए आशा की आवश्यकता है, तभी तो आशा को जीवन का पर्याय कहा गया है।

15

आत्मविश्वास : सफलता का मूल

- आत्मविश्वास सरीखा दूसरा मित्र नहीं है। आत्मविश्वास ही भावी उन्नति की प्रथम सीढ़ी है।

  —स्वामी विवेकानन्द

- आत्मविश्वास बढ़ाने का ढंग यह है कि तुम वह कार्य करो, जिसे करते हुए तुम डरते हो। इस तरह ज्यों-ज्यों तुम्हें कामयाबी मिलती जाएगी, तुम्हारा आत्मविश्वास बढ़ता जाएगा।

  —डेल कारनेगी

- महान् कार्यों के लिए पहली जरूरत है, आत्मविश्वास।

  —डॉ. सैम्युअल जॉनसन

जीवन की सफलता का रहस्य यदि कोई एक शब्द में पूछे या सफलता पाने के लिए व्यक्तित्व में एक सर्वश्रेष्ठ गुण का नाम पूछे, तो हम कहेंगे कि आत्मविश्वास। जी हां, आत्मविश्वास एकमात्र ऐसा गुण है जिसके जाग्रत होते ही सफलता के लिए आवश्यक सभी अन्य गुण स्वयं ही आ जाते हैं।

बहुत से लोग यह मानते हैं कि कार्य करने के लिए व्यक्ति का शक्तिशाली होना आवश्यक है। यदि ऐसा होता तो सबसे ज्यादा सफलता का सेहरा पहलवानों के सिर बंधा होता, किंतु सफलता के लिए प्रसिद्ध व्यक्तियों के जीवन-चरित्र इस बात के साक्षी हैं कि उनमें से अधिकांश व्यक्ति औसत दर्जे के शक्तिशाली भी नहीं हुए हैं। शरीर से बलिष्ठ होना तो छोड़िए अधिकांश चिंतक, दार्शनिक, कलाकार, डॉक्टर, वैज्ञानिक और अन्य क्षेत्रों में समर्पित व्यक्तित्व तो प्रायः भली प्रकार स्वस्थ भी नहीं रह पाए हैं। यह सब उनके एकमात्र आत्मविश्वास का ही कमाल था कि वे अपने लक्ष्य को पाने में सफल रहे।

शक्ति चाहे शारीरिक हो या मानसिक, यह सत्य है कि आत्मविश्वास के संबल के बिना उसका सदुपयोग पूरी तरह संभव नहीं है। यदि आत्मविश्वास के बिना शक्ति कारगर हो जाती, तो बड़े-बड़े सूरमा युद्ध के मोर्चों से भाग खड़े न होते और आत्मविश्वास से दिल भरा होने पर एक सामान्य सिपाही दुर्भेद्य टैंकों और तोपों को नष्ट करके शत्रु पक्ष के पैर नहीं उखाड़ देता। ऐसे मौकों पर निश्चित रूप से आत्मविश्वास की पूंजी ही काम आती है। इसी आत्मविश्वास के सहारे ही तो अब्दुल हमीद जैसे जांबाज, शत्रु के दांत खट्टे कर के इतिहास में अपना नाम स्वर्णाक्षरों में लिखा लेते हैं और इसी आत्मविश्वास के सहारे लाल बहादुर शास्त्री जैसे व्यक्ति गांव की धरती से उठकर भारत के प्रधानमंत्री पद का उत्तरदायित्व पूरी कुशलता से निभाते हैं। संसार का इतिहास ऐसे ही आत्मविश्वासी कर्मवीरों की गौरव-गाथाओं से भरा पड़ा है।

आत्मविश्वास मन की वह शक्ति है, जो तय कर लेती है कि निर्धारित लक्ष्य को पाना कठिन भले ही हो, लेकिन असंभव बिलकुल नहीं है। मन जैसे ही यह तय कर लेता है कि कार्य या निर्धारित लक्ष्य कठिन है ही नहीं, तो सच मानिए कि वह लक्ष्य फिर न कठिन रहता है और न असंभव। उसके साथ केवल एक ही शब्द जुड़ता है और वह है सफलता। जी हां, सिर्फ सफलता।

मनोवैज्ञानिकों ने मन की इस शक्ति के चमत्कार खूब दिखाए हैं। उन्होंने यह सिद्ध कर दिया है कि आत्मविश्वास से भरा हुआ मन अपनी शारीरिक क्षमताओं से कई गुना अधिक कार्य कर सकता है। यह सिद्ध करने के लिए एक मनोवैज्ञानिक ने एक व्यक्ति को सम्मोहित किया और उसे वजन उठाने का आदेश दिया। देखने वाले यह देखकर चकित रह गए कि मन के आदेश पर उस व्यक्ति ने अपनी क्षमता से कई गुना अधिक वजन उठा लिया।

व्यक्ति की सफलता और असफलता का सारा श्रेय उसके आत्मविश्वास को ही जाता है। आत्मविश्वास की हीनता की अवस्था में एक व्यक्ति भिखारियों की तरह रिरिया कर भीख मांगता दिखाई देता है और आत्मविश्वास से भरपूर दूसरा व्यक्ति देश का नेतृत्व संभाल कर विश्व प्रसिद्ध व्यक्ति का जीवन जीता है। अलग-अलग व्यक्ति ही क्यों, अनेक ऐसे व्यक्तियों के उदाहरण हमारे सामने हैं, जिन्होंने आत्मविश्वास की कमी में भिखारियों की तरह जीवन जिया और आत्मविश्वास के जाग्रत होते ही दुनिया के मशहूर तानाशाह बन बैठे।

वैनिटो मुसोलिनी का नाम तो सभी जानते हैं। दुनिया का यह मशहूर तानाशाह कहा करता था कि डर और ख़ौफ जैसी कोई चीज ही नहीं है। आदमी को कभी

किसी परिस्थिति में डरना नहीं चाहिए, लेकिन इतिहास गवाह है कि अपने जीवन के आरंभिक दिनों में जब मुसोलिनी एक सामान्य व्यक्ति था, तो बेहद डरपोक था। इतना डरपोक कि सेना में भर्ती कर लिए जाने के डर से नकली पासपोर्ट बनवाकर देश से ही भाग गया था और लंबे समय तक गरीब, लाचार और भिखारियों की-सी जिंदगी जीता रहा। मुसोलिनी को चांदनी रात से भी बहुत डर लगता था और अंधेरे से भी बहुत डरता था। वह न चांदनी रात में सो सकता था और न अंधेरे में अकेला चल सकता था। उस वक्त कौन जानता था कि बेवजह अंधेरे, चांदनी और मौत से डरने वाला यह व्यक्ति एक दिन मौत का दूसरा नाम होगा। जब उसका आत्मविश्वास जागा तो सेना में भर्ती होने से डरना तो दूर, यही व्यक्ति एक सेना गठित कर उसका मुखिया बना और कई देशों को फौजी ताकत से कुचल डाला। आत्मविश्वास की कमी में खुद से ख़ौफ खाने वाले इस व्यक्ति से एक दिन दुनिया के बड़े-बड़े मुल्क ख़ौफ खाने लगे, थर्राने लगे।

वस्तुतः आत्मविश्वास की पूंजी के सहारे ही व्यक्ति ऐसे-ऐसे कार्य कर जाता है कि लोग चमत्कृत रह जाते हैं। झांसी की रानी लक्ष्मीबाई को जब अंग्रेजों ने अपनी धूर्त्तता से तंग करना शुरू किया, तो रानी का आत्मविश्वास जाग उठा। बिना यह विचार किए कि अंग्रेज़ी तोपों और बंदूकों के आगे उनकी तलवार की शक्ति क्या कार्य कर पाएगी। वह खूंख़ार शेरनी की तरह मैदान में आ डटीं और अंग्रेज़ी सेना के छक्के छुड़ा दिए। बुंदेलखंड की लोक-गाथाओं से निकल कर आज इस वीरांगना का चरित्र समूचे देश की धरोहर बन गया है। रानी दुर्गावती, महारानी कर्मवती, महारानी अहिल्या बाई आदि से लेकर कुछ ही वर्ष पूर्व दिवंगत हुई स्वर्गीया दुर्गा भाभी जैसे अनगिनत नारी चरित्रों ने यह सिद्ध कर दिया कि आत्मविश्वास न किसी पुरुष के एकाधिकार की धरोहर है और न ही शारीरिक शक्ति से उसका कोई गठजोड़ है। आत्मविश्वास के पैदा होते ही साहस, उत्साह, कार्य करने की क्षमता और उससे भी आगे सफलता प्राप्त कर लेने की शक्ति स्वयं ही जाग्रत हो जाती है।

आत्मविश्वास एक ऐसा अद्भुत गुण है कि यह जैसे ही जाग्रत हो जाता है, लक्ष्य पाने के रास्ते में खड़ी पहाड़-सी बाधाएं रेत की दीवार-सी ढह जाती हैं, फिर कोई पहाड़, फरहाद का रास्ता नहीं रोक सकता, कोई फांसी का फंदा शहीद भगत सिंह को बंदे मातरम् गाने से नहीं रोक सकता और कोई ताकत सुभाष चंद्र बोस को आजाद हिंद फौज का गठन करने से नहीं रोक सकती।

आत्मविश्वास की गौरव-गाथाएं कोई छोटी-मोटी घटनाएं नहीं हैं। प्रसिद्ध वैज्ञानिक एडीसन ने तय कर लिया कि वह दुनिया को बिजली के प्रकाश से

जगमगाते हुए देखना चाहता है। उसने बल्ब बनाने की ठानी। मन में आत्मविश्वास का संबल लेकर वह अपनी खोज में जुट गया। एक नहीं, एक हजार बार विफल हुआ, लेकिन यह आत्मविश्वास ही था कि उसने हार नहीं मानी, पीछे मुड़कर नहीं देखा और अंततः आज बिजली के प्रकाश से दुनिया जगमगा रही है। आत्मविश्वास के सहारे ही तो माइकल फैराडे ने चुंबकीय शक्ति के कारनामे दिखाए। आकाश में उड़ते हवाई जहाज, समुद्र की अतल गहराई में तैरते जलयान, कंप्यूटर, टेलीविजन, रेडियो, रेलगाड़ी, मोटर, कार आदि से लेकर बड़ी-बड़ी मशीनें सब आदमी की सफलता के रूप में आत्मविश्वास की गाथा ही तो गा रहे हैं।

बाहरी खोजों, भौतिक संसाधनों के निर्माण या प्रकृति पर व्यक्ति की विजय के लिए ही नहीं अपने मन पर, अपने तन पर विजय पाने के लिए भी आत्मविश्वास का गुण एक अद्भुत गुण है। सामान्य जीवन में भी हम देखते हैं कि आत्मविश्वास से भरे चेहरों की चमक विश्वासहीन व्यक्तियों के चेहरों पर छाई मायूसी से कतई अलग दिखाई देती है। आत्मविश्वास से हीन मुरझाए चेहरे बिना किसी बीमारी के बीमार जैसे दिखाई देते हैं। जबकि आत्मविश्वास से परिपूर्ण मुखमंडल की आभा बीमार व्यक्ति के गंभीर रोगों को भी नियंत्रण में रखती है, उन्हें शरीर पर हावी नहीं होने देती।

सामान्य जीवन में हम खूब देखते हैं कि एक मामूली से रोग के लिए व्यक्ति बड़े-बड़े डॉक्टरों के पास चक्कर लगाता है, किंतु मन को तसल्ली नहीं होती। दूसरे शब्दों में आत्मविश्वास जाग्रत नहीं होता और कोई दवा व्यक्ति को लाभ नहीं पहुंचाती, जबकि मामूली से लगने वाले वैद्य, हकीमों द्वारा उसी व्यक्ति का आत्मविश्वास जाग्रत कर दिए जाने पर सामान्य-सी दवा भी उस व्यक्ति के रोग को ठीक कर देती है। वास्तव में शरीर की शक्ति और रोग प्रतिरोध क्षमता का आत्मविश्वास से सीधा संबंध है। आत्मविश्वास के जाग्रत होते ही शरीर की रोग प्रतिरोधक क्षमता जाग्रत हो उठती है और जैसे ही व्यक्ति में यह आत्मविश्वास पैदा होता है कि अब उसका रोग ठीक हो जाएगा, तो दवा उस पर अपना प्रभाव करने लगती है। वह व्यक्ति ठीक होने लगता है।

खासकर आज की भागदौड़ की जिंदगी में जब समस्याएं मानसिक धरातल पर व्यक्ति को तोड़े डाल रही हैं। उसके लिए आत्मविश्वास की आवश्यकता और अधिक बढ़ गई है, क्योंकि आज अधिकांश रोग मानसिक हैं, जो आत्मविश्वास की कमी से पैदा हो रहे हैं। यहां तक कि शारीरिक लगने वाले रोगों जैसे दिल के रोग, ब्लड प्रैशर, श्वास के रोग, दमा, किडनी के रोग, आमाशय या आंतों के

रोग और यहां तक कि शरीर पर बाहर उभर कर आने वाले दमा और एग्जिमा जैसे रोग भी मानसिक रोगों के लक्षण बनकर उभर रहे हैं, तो आत्मविश्वास द्वारा मन को शक्तिशाली बनाने की आवश्यकता और अधिक बढ़ गई है।

पढ़ाई-लिखाई के क्षेत्र में सफलता पाने के लिए आज विद्यार्थियों को अपना आत्मविश्वास जाग्रत करने की बड़ी आवश्यकता है। आपको किसी परीक्षा में बैठना है, आप वर्षों से विधिवत् परिश्रम कर रहे हैं, रात-दिन पढ़ाई में लगे हुए हैं, लेकिन आपको अपनी क्षमता पर विश्वास नहीं है। आप परीक्षा भवन में पहुंचते हैं और वहां की व्यवस्था को देखकर घबरा जाते हैं, अपना आत्मविश्वास खो देते हैं, आपकी वर्षों की मेहनत बेकार हो जाती है। आपको खूब जानकारी है कि परीक्षा में पूछा गया प्रश्न आपने आज रात को ही तैयार किया था लेकिन आत्मविश्वास की कमी में आप सब कुछ भूल गए हैं। आपको कुछ याद ही नहीं आता। क्या आप समझते हैं कि आपने जो कुछ तैयारी की थी, वह आपके दिमाग से निकल गई है। नहीं, बिलकुल नहीं, केवल आत्मविश्वास का संबल आपके मन से खिसक गया है। अपने आत्मविश्वास को संभालिए, आपका याद किया हुआ सभी कुछ बिना एक क्षण गंवाए आपके मानसपटल पर उभर आएगा।

आत्मविश्वास की इसी कमी के कारण बहुत से विद्यार्थी, बहुत से नौकरी के उम्मीदवार हाथ आए सुअवसरों को खो देते हैं, जबकि वास्तव मे उनका ज्ञान उस नौकरी में उपयोग होने वाले ज्ञान से कहीं अधिक होता है। बहुत से उम्मीदवार तो एक काल्पनिक डर के चलते साक्षात्कार में अपने मन की बात को पूरी तरह नहीं कह पाते। ऐसे लोग लिखित परीक्षा में अच्छे अंक पाने के बावजूद भी नौकरी से वंचित रह जाते हैं। ठीक इसी प्रकार कुछ लोगों को आत्मविश्वास की कमी के कारण भाषण देने में बहुत घबराहट होती है। बड़े-बड़े मोर्चों पर फतह पाने वाले प्रसिद्ध सेनानायक तक जब भाषण देने की बारी आती है, तो सामने बैठे लोगों को देखकर पसीने-पसीने हो जाते हैं। ऐसा नहीं कि उनमें अपनी बात कहने की क्षमता नहीं है। बस नहीं है, तो अपनी बात कहने का आत्मविश्वास नहीं है।

अतः अपने आत्मविश्वास की शक्ति को समझिए और हर हालत में उसे बनाए रखिए। आत्मविश्वास ही वह गुण है, जो आपकी समूची शक्तियों को जाग्रत करके आपको सफलता का हकदार बनाता है। आपके सिर पर कामयाबी का सेहरा बांधता है। आपको तन से मन से और बुद्धि से स्वस्थ और आनंदपूर्ण रखता है।

16

चाह ही राह होती है

- *किसी कार्य को करने से पहले आप उस काम को करने की दृढ़ इच्छा मन में कर लें और सारी मानसिक शक्तियों को उस ओर झुका दें, जिससे आपको बहुत अधिक सफलता प्राप्त हो।*

—स्वेट मार्डेन

- *पवित्र और दृढ़ इच्छा सर्वशक्तिमान् है।*

—विवेकानंद

- *विश्व में हमारी इच्छा ही तो मूल कर्ता है।*

—रवींद्रनाथ ठाकुर

दुनिया में जो भी खूबसूरती आज दिखाई दे रही है, सब आदमी की चाह का ही तो परिणाम है। रात के घने अंधेरे में रंग-बिरंगी रोशनी से जगमगाते शहर, समुद्र की अकूत गहराइयों में डुबकी लगाती पनडुब्बियां, पटरियों पर धड़धड़ाती रेलगाड़ियां, हवा में उड़ते हवाई जहाज, ट्रिन-ट्रिन बजते टेलीफोन पर हजारों मील दूर बैठे संबंधियों से बातचीत, बिना किसी माध्यम के टेलीविजन पर "दमादम मस्त कलंदर" गा कर नाचते-कूदते चेहरे, मधुर गीत-संगीत सुनाते रेडियो, ये ऊंची-ऊंची इमारतें, ये बड़े-बड़े कल-कारखाने, ये नदियों के जाल, ये भीमकाय बांध सब-के-सब आदमी की चाह के ही तो कमाल हैं। सब-के-सब आदमी की सच्ची लगन, कठोर परिश्रम, पक्के इरादे, ठोस आत्मविश्वास, अदम्य उत्साह, घने धैर्य और अकूत साहस की ही तो कहानी कह रह हैं।

आज से दो-तीन सौ साल पहले अगर कोई यह कहता कि आने वाले समय में आदमी लोहे के हवाई जहाज में चंद्रमा को छूने जाएगा, लोहे की इमारतों को समुद्र पर न सिर्फ तैराएगा, बल्कि कुछ ही घंटों में सैकड़ों मील की दूरी भी तय

कर लेगा। बिना किसी माध्यम के हजारों मील दूर बैठे संबंधियों से न सिर्फ बातचीत कर सकेगा, बल्कि उनके गाते-बतियाते चेहरे भी एक डिब्बे पर लगे कांच की सतह पर देख सकेगा, पाताल फोड़कर तेल और पानी के फव्वारे जमीन पर उछाल सकेगा, नदियों की छाती पर बांध लगा सकेगा, तो लोग निश्चित ही उसे पागल करार दे देते। लेकिन आदमी की चाह ने कमाल दिखाया, उसने जो भी सोचा, उसे साकार कर दिखाया। उसने दुनिया को दिखा दिया कि अलादीन का चिराग और छूमंतर की जादुई छड़ी पुराने जमाने में भले ही लोक-कथाओं का विषय रही हों, लेकिन आदमी चाहे तो आज हर कल्पना को साकार कर सकता है।

आदमी की चाहत आज वो रंग ले आई है कि दुनिया हथेली पर रखे आंवले से ज्यादा कुछ नहीं रह गई है। आज वह जून की तपती दुपहरी में, घर में एक छोटे-से डिब्बेनुमा फ्रिज में बर्फ जमा सकता है और बर्फीली पहाड़ियों में वातानुकूलित घर बनाकर रह सकता है। लेकिन कमाल तो यह है कि खुद अपनी आंखों से ये अजूबे देखने के बावजूद भी आज दुनिया का औसत आदमी आत्महीनता का शिकार है। निराश है, हताश है, उदास है। पाला मारी मटर-से, झुर्रियों से पीले उदास चेहरे, थकी-थकी-सी देह, पथराई आंखें, निराशा से भरे मन जैसे धरती पर मुर्दों के शहर बसा दिए गए हों, आदमी अपनी ही लाश को कंधे पर लादे घूम रहा हो।

सामान्यतः किसी से पूछा जाए कि कहो भई क्या हालचाल है ? कैसे हो ? तो घुटन से घरघराते गले से मरी-सी आवाज निकलेगी 'ठीक है', 'वक्त कट रहा है' 'समय गुजर रहा है'। आधे से ज्यादा लोग तो ऐसे होंगे, जो बड़ी ईमानदारी से यह सच्चाई बयान करने में नहीं शरमाएंगे कि 'बुरा हाल है यार', 'मुश्किल से दो वक्त की रोटी का जुगाड़ हो पाता है'। या फिर 'जमाना बहुत खराब है', 'लोग बहुत बेईमान हैं', 'जो दिन गुजर जाए सो अच्छा है'।

अरे एक ओर तो चांद पर बस्ती बसाने की बात सोची जा रही है और दूसरी ओर आदमी वक्त काटने में जूझ रहा है। आखिर आदमी की बिरादरी में इतनी गहरी खाई, इतनी चौड़ी दरार, इतना लंबा फासला क्यों है, क्या वजह है, सोचने पर मजबूर कर देती है। लगता है कहीं कोई भारी चूक हो गई है आदमी के निर्माण में। अगर हम गौर से आज के आदमी के कार्य-व्यवहार का विश्लेषण करें, तो बड़ी आसानी से इस चूक पर, इस कमी पर अंगुली रखी जा सकती है। यह चूक है हमारी ईमानदाराना चाह की कमी की। ईमानदाराना चाह इसलिए कि बहुत से लोग चाहते तो बहुत कुछ हैं, लेकिन उस चाह के बदले कीमत चुकाने को कभी तैयार नहीं होते। ऐसी स्थिति में उनकी तमाम उम्र सिर्फ चाह तक

ही सीमित रह जाती है और वे कभी भी अपनी चाहत को पूरा होते हुए नहीं देख पाते। परिणामतः उन्हें चाह के उलटे ही परिणाम चुकाने पड़ते हैं। क्योंकि चाह की खासियत ही यही है कि यदि उसकी कीमत चुकाई जाए, तो उपलब्धि और आनंद देती है और कीमत न चुकाई जाए, तो अभाव और निराशा को कई गुना बढ़ा देती है।

अब सवाल आता है कि आखिर चाहत की कीमत क्या है, तो दुनिया के चाहतमंदों का इतिहास इस बात का साक्षी है कि चाहत को पाने के लिए सच्ची लगन, कठोर परिश्रम, पक्का इरादा और दृढ़ विश्वास के साथ-साथ धैर्य की आवश्यकता पड़ती है।

अमूमन लोगों का यह विश्वास है कि चाह को पूरी करने के लिए धन संपत्ति या भौतिक संसाधनों की जरूरत पड़ती है। लेकिन वास्तविकता यह है कि जहां सच्ची चाह होती है, वहां या तो ये संसाधन महत्त्वहीन हो जाते हैं या फिर इनकी जरूरत पड़ती भी है, तो ये स्वयं ही जुट जाते हैं। इन्हें जुटाने के लिए अलग से प्रयास नहीं करने पड़ते।

भगीरथ गंगा को पृथ्वी पर लाने के लिए कितने संसाधन लेकर घर से निकले थे। राम, रावण को युद्ध में परास्त करने के लिए कितने संसाधन घर से लेकर निकले थे। कृष्ण ने कंस को पछाड़ने के लिए कितने हथियार गोकुल से लादे थे। हम सभी जानते हैं कि ये सभी महापुरुष खाली हाथ घर से बाहर निकले थे, लेकिन उनकी दृढ़ आस्था और पक्के विश्वास के कारण उन्हें जिस वस्तु की आवश्यकता पड़ी, वह स्वयं उनके पास चली आई।

पौराणिक गाथाओं से आगे बढ़ कर यदि वर्तमान आविष्कारकों के जीवन पर नजर डालें, तो जेम्स वाट को भाप की शक्ति पता लगाने के लिए अलग से संसाधन जुटाने की आवश्यकता नहीं पड़ी थी। हां, जैसे ही उसे यह पता चला कि भाप में बड़ी शक्ति है, उसने चाहा कि भाप की इस शक्ति का उपयोग रेलगाड़ी बनाने में करेगा और जैसे भी हुआ वह अंततः अपने कार्य में सफल हुआ। यदि संसाधनों की कमी का रोना रोकर जेम्स अपने प्रयोग को बीच में छोड़ देता, तो शायद आज राजधानी और शताब्दी जैसी एयर कंडीशंड तथा तेज रफ्तार गाड़ियों में लोग सफर नहीं कर रहे होते।

आज तो वाटर पंपों का प्रचलन हो गया है लेकिन कुछ ही समय पहले तक जब मजबूत पत्थर के बने कुओं से सन की रस्सी द्वारा पानी खींचा जाता था, तो सन की इस नाजुक रस्सी की बार-बार रगड़ से मजबूत पत्थर में भी गहरे निशान पड़ जाते थे। वैसे कोई सन की रस्सी से पत्थर को काटने की योजना

बनाए, तो लोगों की दृष्टि में यह शेखचिल्ली की कहानी से ज्यादा कुछ नहीं होगा। लेकिन वास्तव में पुराने कुओं के पत्थरों पर रस्सी के निशानों से पड़े गड्ढे आज भी देखे जा सकते हैं और मन आश्वस्त किया जा सकता है कि सचमुच ही कोमल रस्सी से पत्थर को काटा जा सकता है। आवश्यकता है तो कठोर परिश्रम की, धैर्य की ओर दृढ़ आत्मविश्वास की।

एक छोटा-सा बालक स्कूल से पढ़कर घर लौट रहा था। रास्ते में उसने उफान लेती नदी के प्रबल वेग को देखा। उफान को देखकर नाव वाले ने उससे नाव पर सवार होने को कहा, जिससे नदी पार की जा सके। मगर गरीब किसान के उस बालक के पास नाव वाले को देने के लिए पैसे नहीं थे। बालक ने कुछ क्षण सोचा, निर्णय लिया, कपड़े उतारे और धड़ाम से नदी में कूद पड़ा। कुछ ही क्षण में तैरता हुआ यह बालक नदी के दूसरे किनारे पर था। अपने इसी दृढ़ आत्मविश्वास को लेकर यह बालक एक दिन भारत का प्रधानमंत्री बना और स्वर्गीय लाल बहादुर शास्त्री के रूप में आज भी उसका आचरण इस देश के लोगों के दिलों में श्रद्धापूर्ण स्थान रखता है। महापुरुषों की जीवनियां हमें यही सिखाती हैं कि संसाधनों का अभाव कभी व्यक्ति की प्रगति को नहीं रोक सकता, जहां चाह होती है वहां राह तो स्वयं ही निकल आती है। बने-बनाए रास्ते पर चलने में कौन-सी महानता है। हां, अपने उद्देश्य की पूर्ति के लिए अपने अथक परिश्रम और आत्मविश्वास से नई राह बना लेना ही व्यक्ति की महानता के द्वार खोलता है।

चाह वह अवस्था है जब मानव मन की समस्त शक्तियां एक ही लक्ष्य पर संघीभूत हो जाती हैं और उस लक्ष्य को प्राप्त कर लेने में ही जीवन की सार्थकता जीवन का सच्चा आनंद समझने लगती हैं। मन की यह विशेषता है कि जब तक लक्ष्य की प्राप्ति में वह आनंद नहीं लेता, तब तक संपूर्ण शक्तियां संघीभूत नहीं हो पाती हैं। यह आनंद ही तो है एक वैज्ञानिक दुनिया के लिए नीरस लगने वाले विषय में भी इस कदर डूब जाता है कि न उसे खाने की चिंता रहती है, न सोने की। आर्किमिडीज वर्षों से एक सिद्धांत को खोज रहा है, लेकिन अपने प्रयोग में सफल नहीं हो पा रहा है। एक दिन नहाने के लिए पानी से भरे टब के पास जाता है और कपड़े उतार कर पानी में छलांग लगा देता है। ऊपरी किनारे तक पानी से लबालब-भरे टब में आर्किमिडीज के कूदते ही पानी टब से बाहर निकल पड़ता है। आम आदमी के लिए यह एक सामान्य घटना है, लेकिन आर्किमिडीज को तो जैसे उसकी वर्षों की तपस्या का फल मिल गया। वह पानी के टब से निकलता है और यूरेका-यूरेका कहता हुआ नंगे बदन ही घर की ओर दौड़ पड़ता है। उसे होश ही नहीं है कि नंगे बदन चिल्लाते हुए और भागते हुए

जो लोग उसे देख रहे हैं, वे उसे पागल समझ रहे हैं। लेकिन आर्किमिडीज ने तो अपने मन की समस्त शक्तियों को संघीभूत करके एक नई खोज की है और वह खोज जब रूप ग्रहण करती है, तो एक 'सिद्धांत' प्रतिपादित होता है कि यदि किसी ठोस वस्तु को द्रव में डुबोया जाए, तो वह वस्तु अपने आयतन के बराबर द्रव को हटा देती है। यही तो वह सिद्धांत है जिसने आर्किमिडीज को दुनिया के सर्वश्रेष्ठ विचारकों, दार्शनिकों और खोजकर्ताओं की श्रेणी में खड़ा कर दिया, अमर कर दिया।

मन की शक्तियों का संघीभूत होना एक बात है और उनका कार्य रूप में परिणत होना दूसरी बात है। ये दोनों बातें एक सिक्के के दो पहलू हैं। खरे सिक्के के लिए दोनों ही पहलुओं की आवश्यकता होती है। एक पहलू का सिक्का बाजार में नहीं चलता। ठीक इसी प्रकार जो लोग अपने मन की शक्तियों को एक लक्ष्य पर संघीभूत कर लेते हैं किंतु उन्हें कार्यरूप में परिवर्तित नहीं करते, वे कर्महीन लोग अपनी चाह को पूरा करने में सदैव असमर्थ रहते हैं। मात्र कल्पनाओं में खोए रहते हैं, मन को एक काल्पनिक आनंद में डुबोए रहते हैं, किंतु किसी निर्णय तक न पहुंच पाने की व्यावहारिक कमी के कारण सदैव असफलता का सामना करते हैं। ऐसे असफल लोग ही कुंठित होकर भविष्य में अपने मन की शक्तियों का या तो दुरुपयोग करने पर उतर आते हैं या फिर अपने आप को नाकारा साबित करके मानसिक विकृतियों का शिकार हो जाते हैं।

अतः यदि आपके मन में कोई चाह है, तो अपने मन की शक्तियों को अपने लक्ष्य पर केंद्रित अवश्य कीजिए, किंतु साथ ही उस लक्ष्य को पाने के लिए पूरी निष्ठा और परिश्रम के साथ प्रयास भी अवश्य शुरू कर दीजिए। इस बात की चिंता बिलकुल मत कीजिए कि आपके पास संसाधन नहीं हैं। अरे एक बार अपने लक्ष्य को पाने की दिशा में ठोस कदम तो उठाइए, आप देखेंगे जिन संसाधनों की आपको आवश्यकता थी, वे स्वयं जुटने शुरू हो जाएंगे। विश्वास रखिए, ईश्वर ने आपको किसी-न-किसी विशेष उद्देश्य के लिए पैदा किया है। उसने आपको प्रतिभा दी है, तो एक-न-एक दिन उसे दुनिया के सामने लाने का अवसर भी अवश्य देगा। वह तो सिर्फ इतना देखना चाहता है कि आप अपने चुने गए रास्ते पर अमल कब और कितने आत्मविश्वास के साथ करते हैं।

गुरु द्रोणाचार्य ने जब एकलव्य को भील जाति का होने के कारण शिक्षा देने से इनकार कर दिया, तो भी एकलव्य ने अपना लक्ष्य नहीं त्यागा और न ही अपने आत्मविश्वास में कमी आने दी। संसाधन अर्थात् गुरु के मार्ग निर्देशन की उसके पास कमी थी किंतु वह विचलित नहीं हुआ। उसने जंगल में अपने

गुरु की एक प्रतिमा बनाई और अपने परिश्रम से संसाधन की कमी को पूरा करके प्रयास आरंभ कर दिया। देखते-देखते वह वक्त भी आ गया कि एक दिन गुरु द्रोण को अपने आप पता चल गया कि एकलव्य अपने समय का सर्वश्रेष्ठ धनुर्धर है। गुरु के मार्गनिर्देशन के अभाव में एकलव्य यदि संसाधन की कमी के बहाने निराश हो जाता, तो आज इतिहास के पन्नों में उसका नाम भी नहीं होता और न ही वह द्रोणाचार्य जैसे महाप्रतापी और शस्त्र विद्या में पारंगत गुरु को अपने सामने झुका पाने में समर्थ ही होता।

इसलिए आप भी समझिए, सीखिए, निर्णय कीजिए और आज ही उस पर अमल करना शुरू कर दीजिए। आप देखेंगे कि अपनी चाह की पूर्ति करने के लिए जैसे ही आप पांव बढ़ाएंगे, आपकी सफलता के रास्ते खुद-ब-खुद खुलते चले जाएंगे। क्योंकि यह जीवन की एक वास्तविकता है कि जहां चाह होती है, वहां राह भी अवश्य पैदा हो जाती है।

क्या-क्या नहीं करें

- कर्म से विमुख न हों
- मन को विचलित न होने दें
- हवाई किले न बनाएं
- चिंतन कीजिए, चिंता नहीं

17

इन्द्रियों पर नियंत्रण रखें

- काम और क्रोध का मूल स्थान इंद्रियां हैं। इन्हीं इंद्रियों से कर्म प्रवृत्ति पैदा होती है। इसलिए सबसे पहले इन इंद्रियों को ही वश में करना चाहिए।
  —ज्ञानेश्वरी
- अपनी इंद्रियां जिसके वश में हैं, उसकी बुद्धि स्थिर है।
  —श्रीमद्भगवदगीता
- इंद्रिय-सुख पराधीन है, विनाशी है, बंधन का कारण है और विषम है। इसलिए इसे सुख नहीं दुःख ही कहना चाहिए।
  —कुंदकुंदाचार्य

हमारे मन और मस्तिष्क की मूल प्रवृत्ति सुरक्षा और आनंद प्राप्त करने की है। हमारा संपूर्ण अस्तित्व सबसे पहले अपनी सुरक्षा चाहता है। यदि हमारी सुरक्षा को कोई खतरा पैदा होता है, तो हम चिंतित हो उठते हैं और जब तक उस खतरे के समाप्त हो जाने के बारे में मस्तिष्क संतुष्ट नहीं हो जाता, तब तक हमें चैन से नहीं रहने देता। सुरक्षा की अनुभूति के बाद हमारा दूसरा प्रयास होता है अधिक-से-अधिक आनंद प्राप्त करना। आज मनुष्य के जीवन में जो भागमभाग मची है, वह आनंद पाने की लिप्सा के कारण ही तो है। यह एक अलग बात है कि आनंद की तलाश में हमने जीवन को इतना कृत्रिम बना दिया है कि आनंद के स्थान पर दुःख ही अधिक मिलता है।

मस्तिष्क और मन सीधे कार्य नहीं करते। वे केवल निर्णय लेते हैं और उन निर्णयों की प्राप्ति के लिए इंद्रियों को आदेश देते हैं, उन्हें संचालित करते हैं तथा उनसे कार्य कराते हैं। इंद्रियां दो प्रकार की हैं एक तो वे, जो वातावरण

का ज्ञान प्राप्त करके उसकी सूचना मन और मस्तिष्क को देती हैं और दूसरी मस्तिष्क और मन के आदेश पर इच्छित फल पाने के लिए कार्य करती हैं। पहले प्रकार की इंद्रियों को ज्ञान इंद्रियां कहते हैं तथा दूसरे प्रकार की इंद्रियां कर्म इंद्रियां कहलाती हैं। हमारे शरीर में पांच ज्ञानेंद्रियां और पांच ही कर्मेंद्रियों की व्यवस्था प्रकृति ने की है। ध्यान रहे कि इंद्रियां किसी भी प्रकार का निर्णय लेने में सक्षम नहीं हैं। वे तो मस्तिष्क और मन के आदेश का पालन मात्र करती हैं।

इंद्रियों पर नियंत्रण का अधिकार मन को दिया गया है। इस प्रकार मन को इंद्रियों का स्वामी कहा जाता है। यही इंद्रियों को संचालित करता है। मन पर नियंत्रण के लिए मस्तिष्क की शक्ति बुद्धि को नियत किया गया है। अर्थात् बुद्धि मन को नियंत्रित करती है और मन इंद्रियों को।

हम पहले कह चुके हैं कि मस्तिष्क का सबसे पहला कार्य अस्तित्व की सुरक्षा है और सुरक्षा निश्चित होते ही मस्तिष्क आनंद पाना चाहता है। सामान्यतः असुरक्षा की स्थिति जीवन में कभी-कभी आती है। अतः मस्तिष्क का अधिकांश समय अपने लिए आनंद की तलाश में ही बीतता है। मस्तिष्क मन को सबसे अधिक आदेश प्रसन्नता पाने के लिए देता है। इससे हमारा मन प्रायः आनंद पाने का आदी बन जाता है। परिणामस्वरूप मन भी इंद्रियों को इससे आनंद देने वाले कार्य करने के लिए बाध्य करता है इस प्रकार इंद्रियां भी आनंद पाने की आदी बन जाती हैं। साथ ही वे यह भी समझ जाती हैं कि हमारा स्वामी मन आनंद की सूचना देने पर ही अधिक प्रसन्न रहता है। इसलिए इंद्रियां मन को अधिक-से-अधिक आनंद की सूचना ही देने का प्रयास करती हैं। स्वाभाविक रूप से इस कार्य के लिए इंद्रियों को आनंद के विषय में ही अधिक सोचना पड़ता है और आनंद देने वाले कार्यों को खोज-खोजकर उनमें रमना पड़ता है। इसलिए हमारी इंद्रियां प्रायः आनंदभोगी या विलासी प्रवृत्ति की होती जाती हैं। कभी-कभी तो यह मन को प्रसन्न करने में इतनी अधिक रुचि लेने लगती हैं कि सामान्य असुरक्षा या शरीर के लिए घातक स्थितियों की भी सही जानकारी मन को नहीं देती हैं। यदि इस प्रकार की जानकारी देना जरूरी भी होता है, तो इस प्रकार घुमा-फिराकर देती है कि असुरक्षा की स्थिति को भी खतरा समझने के बजाय मन उसे आनंद का विषय ही समझने लगता है।

जिस प्रकार इंद्रियां मन की खुशामद में लगी रहती हैं, इसी प्रकार मन भी बुद्धि की चापलूसी में लगा रहता है और इंद्रियों से प्राप्त खतरे की सूचना को भी इस प्रकार आनंद में लपेटकर बुद्धि तक पहुंचाता है कि बुद्धि भी शरीर के लिए खतरनाक कार्य व्यापार को जारी रखने की मन को छूट दे देती है।

उदाहरण के लिए सामान्यतः आनंद पाने के निर्देश पाते ही आंखें सुंदर प्राकृतिक दृश्यों, वस्तुओं और व्यक्तियों की सूचनाएं मन को देती हैं। कान मधुर संगीत की सूचना मन को देते हैं। स्वाद इंद्रिय मधुर और आनंददायक भोज्य पदार्थों के स्वाद की सूचना मन को देती हैं। मगर जब इंद्रियां यह तय कर लेती हैं कि मन आनंद के इन उपादानों से संतुष्ट नहीं है, तो वे अस्तित्व और चरित्र के लिए घातक संवेदनाओं को भी आनंद की चाशनी में लपेटकर मन तक पहुंचाने लगती हैं और मन इन्हें धीरे-धीरे स्वीकार करने लगता है तथा इंद्रियों को ऐसा करते रहने की छूट देता रहता है। मन भी बुद्धि को सूचना देने में ऐसी चापलूसी दिखाता है कि बुद्धि भी ऐसे अहितकारी कार्यों को मान्यता दे देती है। आनंद के नाम पर आंखों द्वारा अश्लील चित्रों को देखना, कानों द्वारा अश्लील बातों को सुनना, स्वाद इंद्रिय द्वारा शरीर को हानि पहुंचाने वाले उत्तेजक तथा मादक पदार्थों को खाना-पीना और स्पर्श इंद्रिय द्वारा अवांछित चीजों को छूना सब इस बात के प्रतीक हैं कि इंद्रियों ने इनकी संवेदना मन को इस प्रकार आनंद में लपेटकर पहुंचाई है कि मन ने इन्हें स्वीकृति दे दी है और मन ने इनकी सूचना बुद्धि को इस प्रकार पहुंचाई है कि वह भी बेचारी आनंद की लालसा में इन घातक संवेदनाओं को आनंद का विषय मानकर चुप लगाकर बैठ गई है, वरना क्या मजाल कि बुद्धि के कठोर कदम उठाने पर व्यक्ति शराब, अफीम, गांजा, चरस, बीड़ी, सिगरेट, तंबाकू, गुटखा जैसे हानिकारक पदार्थों को खा सकें, अनैतिक यौनाचरण कर सके, चरित्र का हनन करनेवाले गीत, कथा पढ़ सके या ऐसे चित्रों को देखकर खुश हो सके। निश्चित ही यह इंद्रियों से लेकर बुद्धि तक आ-जा रही चापलूसीपूर्ण भ्रामक संवेदना की देन है।

समाज विरोधी या उक्त प्रकार के हानिकारक तत्वों की तरफ जाते समय बुद्धि मन को टोकती है, किंतु मन आनंद का लालच देकर उसे शांत कर देता है। दूसरी अवस्था में जब ये पदार्थ या संवेदनाएं हमारे शरीर और चरित्र का सर्वनाश कर रही होती हैं, तब शरीर के अंगों के दुखी होने की सूचना पाकर बुद्धि मन को फटकारती है, लेकिन तब तक मन और इंद्रियां शरीर के अंगों को उक्त-हानिकारक पदार्थों का आदी बना चुकी होती हैं। इस अवस्था में शरीर के अंग अफीम खाने से हो रहे नुकसान की सूचना तो मस्तिष्क को देते हैं और बुद्धि उस पर मन के खिलाफ कठोर कदम भी उठाना चाहती है, लेकिन ये अंग अपने घोर कष्ट, असुरक्षा और विवशता की संवेदनाएं देकर तुरन्त मादक पदार्थ उपलब्ध कराने की प्रार्थना करते हैं, तो बुद्धि बुरी तरह भ्रमित हो जाती है। शरीर के अंगों की यह मांग इतनी प्रबल होती है कि फिर बुद्धि मन को डांटने की

बजाय उलटे उससे अनुरोध करती है कि शरीर अफीम के तत्वों की मांग कर रहा है, इंद्रियों से कहकर उसकी तुरंत व्यवस्था कराओ। फिर क्या है, मन को अब इस प्रकार के अवांछित और आपराधिक कार्य करने का अपनी मालकिन बुद्धि से लाइसेंस मिल जाता है और मन पूरी तरह निश्चिंत होकर अभी तक अवैध समझे जा रहे कार्यों को वैध कार्यों की तरह करने लगता है। यानी कि इंद्रियां अपनी मस्ती के लिए अपने मालिक मन को और मन अपने आनंद के लिए अपनी मालकिन बुद्धि को बड़ी खूबी से गुलाम बना लेता है।

इस प्रकार शरीर के संचालन की सारी व्यवस्था ही पलट जाती है। जिस बुद्धि को मन को आदेश देना चाहिए और जिस मन को इंद्रियों को आदेश देना चाहिए, अब उसके विपरीत मन बुद्धि को विवश कर देता है और इंद्रियां मन को। इस प्रकार बुद्धि की स्थिति ठीक वैसी ही हो जाती है, जैसी कि भ्रष्ट और चाटुकार कर्मचारियों के चंगुल में फंसे एक बीमार और शक्तिहीन अधिकारी की हो जाती है। बुद्धि यदि कुछ अकड़-बकड़ भी करती है, तो मन और इंद्रियां मिलकर उसे खुली धमकी दे देते हैं कि बच्चू यदि ज्यादा चूं-चपड़ की, तो शरीर को नियंत्रण में करना भी तुम्हारे लिए मुश्किल हो जाएगा। इसलिए भलाई इसी में है कि शरीर की आवश्यकताओं की पूर्ति के लिए हमारे आगे घुटने टेक दो और प्रायः बुद्धि को घुटने टेकने ही पड़ते हैं।

आपने प्रायः देखा होगा कि विवेक के जाग्रत होने पर शराबी व्यक्ति सुबह होते ही फिर शराब न पीने की कसम खाता है। बुद्धि भी उसका साथ देती है। निर्णय लिया जाता है कि अब शराब नहीं पीनी है, लेकिन शाम होते-होते जैसे-जैसे शरीर की आवश्यकता बलवती होती जाती है, वह बुद्धि को अपने अंगों में हो रही परेशानी और शारीरिक असुरक्षा की सूचना देता है और वही बुद्धि जो सुबह मन को शराब न पीने के लिए फटकार रही थी। शाम को शराब की आपूर्ति के लिए मन से खुशामद करती है। मन इंद्रियों को आदेश देता है और सारी कसमें ताक पर रख कर पैरों को शराब की दुकान तक जाने, हाथों को शराब उठाने, आंखों को उसे देखने और जीभ को उसे स्वाद लेकर पीने का आदेश देता है।

देखा आपने ? अनियंत्रित इंद्रियां शरीर को किस तरह अपने नियंत्रण में ले लेती हैं। मन और बुद्धि को किस तरह अपना गुलाम बना लेती हैं। यह सब इंद्रियों को प्रारंभ में नियंत्रण में न रखने का परिणाम है, जो एक दुःसाध्य अव्यवस्था के रूप में हमारे समूचे अस्तित्व को झेलना पड़ता है। यदि हम प्रारंभ से ही अपनी इंद्रियों को वश में रखते, तो भोग-लिप्सा की भूखी इंद्रियां आनंद का लोभ देकर न तो मन को भ्रमित करतीं और न ही मन बुद्धि को भ्रमित कर पाता। परिणामतः

हमारा शरीर अस्तित्व की सुरक्षा की लड़ाई लड़ने से बच जाता। हमारा आत्म-विश्वास नहीं खोता। हमारी बुद्धि इतनी दीन-हीन और पराश्रित नहीं हो पाती।

बुद्धि की यह विवशता तभी दूर हो सकती है कि वह शरीर के सभी दुःख-दर्दों को ताक पर रख दे और सभी घातक परिणामों को दरकिनार करके मन को सख्त आदेश दे कि चाहे कुछ भी हो जाए, लेकिन अब कोई भी ऐसा कार्य नहीं करना है, जो शरीर के लिए घातक सिद्ध हो।

बुद्धि जिस दिन ऐसा कठोर निर्णय ले लेती है, उसी दिन मन अपने आप ही ठिकाने पर आ जाता है और इंद्रियों को फटकार कर सीधे रास्ते पर ले आता है। लेकिन इस कार्य के लिए बुद्धि की बेहद विवेकशीलता तथा दृढ़ आत्मविश्वास की आवश्यकता होती है। ऐसा आत्मविश्वास कि शरीर चाहे रहे या नष्ट हो जाए, लेकिन किसी भी ऐसी वस्तु का उपयोग नहीं करना है, जिससे शरीर पर दूरगामी बुरे प्रभाव पड़ें या बुद्धि को किसी भी प्रकार के अपमान का आघात सहना पड़े।

बुद्धि जिस समय यह निर्णय ले लेती है, मन को उसी क्षण झुकना पड़ता है। आखिर मन है तो बुद्धि के अधीन ही न। कुछ देर के लिए अपनी औकात भूलकर भले ही बुद्धि को धौंस दे ले या चापलूसी कर ले, लेकिन बुद्धि के कठोर रुख अपनाते ही तुरंत ही अपनी नौकर की भूमिका में आ जाता है और अब पहलू बदल कर बुद्धि के निर्णय को पूरी ताकत से लागू करने का आदेश इंद्रियों को दे देता है कि चाहे कुछ भी हो जाए, कोई भी ऐसा कार्य नहीं करना है जिससे बुद्धि महारानी और अधिक नाराज हों। मन का यह कठोर आदेश पाते ही फिर न पैर मैखाने की ओर बढ़ते हैं, न आंखें अश्लील चित्र देखने को तत्पर होती हैं और न ही कान अश्लील ध्वनि सुनने को बेताब होते हैं। सबके सब अपनी वास्तविक दुनिया में अपनी औकात में लौट आते हैं।

अतः इंद्रियों के खेल को समझें, विलासिता में डूबने और मन को गुमराह करने की उनकी प्रवृत्ति को समझें। उन्हें कोई ऐसा अवसर न दें कि वे अपने सुख के लिए मन की चापलूसी करके, उसे गलत कार्य के लिए मना लें। शरीर की व्यवस्था को समझें। बुद्धि या विवेक का मन के ऊपर और मन का इंद्रियों के ऊपर कठोर अनुशासन, कड़ा नियंत्रण बना रहने दें वरना अनियंत्रित इंद्रियां मन की नाव को भौतिक सुखों के नाम पर दुःख-दर्द की भंवर में लाकर छोड़ देंगी और हमारे अस्तित्व की सुरक्षा के लिए जानलेवा खतरे पैदा कर देंगी। अतः सदैव ध्यान रखें कि इंद्रियां अनियंत्रित न हों। वे सदैव आपके नियंत्रण में रहें।

18

शरीर को बलिष्ठ बनाएं

- *शक्ति का संचय करो, शक्ति की उपासना करो, शक्ति ही जीवन है, शक्ति ही धर्म है, शक्ति ही सत्य है और शक्ति ही सब कुछ है। शक्ति की ही सर्वत्र आवश्यकता है। बलवान् बनो, वीर बनो, आत्मनिर्भर बनो, साहसी बनो, स्वतंत्र बनो एवं शक्तिशाली बनो।*

सागर तिवारी

- *पत्थर की जो चट्टान कमजोर आदमी की राह का रोड़ा बनती है, वह शक्तिशाली लोगों के लिए सफलता की सीढ़ी बन जाती है।*

कारलाईल

जीवन में जो कुछ उपलब्धियां हम हासिल करते हैं, उन्हें प्राप्त करने का माध्यम हमारा शरीर है। इसलिए शरीर का स्वस्थ और बलिष्ठ होना हमारी पहली आवश्यकता है। शरीर यदि रोगी या कमजोर है, तो हम अपने लक्ष्य को पाने में सफल नहीं हो सकते। कमजोर शरीर और असफलता की स्थिति हमारे जीवन से सुख और सामाजिक प्रतिष्ठा दोनों को ही छीन लेती है। इसीलिए शास्त्रों में सुख का पहला आधार 'निरोगी काया' को माना गया है।

शरीर के स्वस्थ होने का तात्पर्य है कि हमारी सभी कर्मेंद्रियां और ज्ञानेंद्रियां अपनी पूरी क्षमता से कार्य करने में सक्षम हैं तथा मन और बुद्धि पूरी तरह संतुष्ट, शांत सुखी और क्रियाशील हैं। शरीर की सुख-शांति और समाज में सफल तथा प्रतिष्ठित जीवन जीने की दृष्टि से ही हमारे विचारकों ने बड़े वैज्ञानिक आधार पर जीवन को चार भागों में बांटा और इन चारों भागों को चार आश्रमों का नाम दिया। इन चार आश्रमों में सबसे पहला आश्रम ब्रह्मचर्य आश्रम माना गया है। इस आश्रम की अवधि जन्म से लेकर 25 वर्ष तक मानी गई है।

ब्रह्मचर्य आश्रम का मुख्य उद्देश्य शरीर और मस्तिष्क दोनों को शक्तिशाली बनाना माना गया है। शारीरिक स्वास्थ्य की दृष्टि से इन 25 वर्षों में नियम और संयम के पालन पर बड़ा बल दिया गया है। अर्थात् समय से सोना, समय पर प्रातःकाल जागना, पानी पीकर थोड़ा टहलना, शौच आदि से निवृत्त होना, व्यायाम करना, स्नान करना और पौष्टिक भोजन करना। यह क्रियाएं शरीर को स्वस्थ एवं बलिष्ठ बनाने के लिए दिनचर्या में सम्मिलित की गई हैं। इसके साथ ही बौद्धिक परिपक्वता के लिए इस काल में विधिवत अध्ययन करके ज्ञान प्राप्त करना भी हमारे आचरण में सम्मिलित किया गया है।

जीवन के प्रथम 25 वर्षों में शरीर में वृद्धि करने वाले हारमोन्स पर्याप्त मात्रा में बनते हैं। शरीर के सभी अंग और तंत्र भी भली प्रकार अपना कार्य करते हैं, इसलिए इस काल में नियमपूर्वक व्यायाम करने, भरपूर निद्रा लेने और पौष्टिक भोजन करने से शरीर को खूब शक्ति प्राप्त होती है।

खासकर किशोरावस्था में जब लड़के-लड़कियां 13-14 साल के होते हैं, तो लड़के के शरीर में पुरुषत्व और लड़कियों के शरीर में नारीत्व का विकास करने वाले हारमोंस पैदा होने लगते हैं। यह अवस्था शारीरिक और मानसिक दृष्टि से बड़ी उथल-पुथल की अवस्था होती है। इस अवस्था में शरीर की नसों में जैसे खून के साथ-साथ तूफान उठने लगता है। अद्भुत शक्ति से शरीर का रोम-रोम भर उठता है। व्यक्ति को अपने अंदर अपार शक्ति महसूस होने लगती है और यह शक्ति जैसे शरीर का बांध तोड़कर बाहर निकलने को उतावली हो उठती है। अतः किशोरावस्था में इस शक्ति को नियंत्रित करना ही सबसे अधिक महत्त्वपूर्ण कार्य है।

दरअसल ऐसा यौन अंगों के विकास के कारण होता है। यौन अंगों के सक्रिय होते ही लड़कों के शरीर में शुक्र अर्थात् वीर्य और लड़कियों के शरीर में रज बनने लगता है। शुक्र के प्रभाव से लड़कों के दाढ़ी मूंछें निकलना, सीना चौड़ा होना, हड्डियों का मजबूत होना, मन का उत्साह से भर जाना जैसे लक्षण पैदा होते हैं, तो लड़कियों में सीने के उभार तथा यौनांगों के विकास के कारण नारी सुलभ लक्षण पैदा होने लगते हैं। बहरहाल इस अवस्था में लड़के और लड़कियों के शरीर में अद्भुत जोश तथा चेहरे पर सौंदर्य का निखार और तेज झलकने लगता है। यह शक्ति शुक्र और रज की देन होती है।

भारतीय चिंतकों की दृष्टि में शरीर को स्वस्थ और बलिष्ठ बनाने में इसी शुक्र और रज का बड़ा महत्त्वपूर्ण योगदान है। आयुर्वेद के अनुसार भोजन से शरीर में सात धातुएं बनती हैं। इनमें सबसे पहले रस बनता है। रस से रक्त बनता है, रक्त से मांस, मांस से चर्बी, चर्बी से अस्थियां तथा हड्डियां बनती हैं।

हड्डियों की कार्य प्रणाली से उनके अंदर भरा पदार्थ मज्जा पुष्ट होता है और मज्जा से शुक्र बनता है। इस प्रकार शुक्र बड़ी ही महत्त्वपूर्ण धातु है।

आयुर्वेद की दृष्टि में इस शुक्र की शक्ति से ही संपूर्ण शरीर में शक्ति की लहर दौड़ने लगती है। इसी समय यौनांगों के विकसित होने से उनमें भी उत्तेजना का संचार होने लगता है और उन्हें छूने में आनंद की अनुभूति होती है। यौनांगों के अधिक घर्षण के कारण उनके रास्ते से शरीर में बनने वाला शक्ति का स्रोत वीर्य शरीर से बाहर निकल जाता है।

युवावस्था में कभी-कभी वीर्य का शरीर से निकल जाना बिलकुल स्वाभाविक है, किंतु जब किशोर लड़के आनंद पाने के लिए सप्रयास वीर्य का नाश करने लगते हैं, तो इससे शरीर पर बुरे प्रभाव पड़ने लगते हैं। उनका शरीर कमजोर और चेहरा तेजहीन होने लगता है। अतः इस अवस्था में वीर्य की रक्षा ही शरीर को भविष्य में शक्तिशाली बनाने की कुंजी है। इस अवस्था में बच्चों को उचित यौन शिक्षा देकर उन्हें बुरी आदतों से बचाया जा सकता है। अतः माता-पिता या अन्य अभिभावकों को बच्चों के व्यवहार के प्रति विशेष सावधानी रखनी चाहिए।

यह बड़ी प्रसिद्ध लोकोक्ति है कि "स्वस्थ शरीर में ही स्वस्थ मस्तिष्क निवास करता है।" अतः किशोरावस्था में बच्चे का शरीर यदि स्वस्थ है, तो उसका मस्तिष्क भी स्वस्थ रहता है और वह इस अवस्था के दूसरे उद्देश्य ज्ञानार्जन की क्रिया में भी बड़ी दिलचस्पी के साथ जुट जाता है। किंतु जिन किशोरों का शरीर रोगी या कमजोर हो जाता है, वे अध्ययन भी भली प्रकार नहीं कर पाते और ब्रह्मचर्य आश्रम के दोनों उद्देश्यों, स्वस्थ शरीर तथा ज्ञानार्जन अर्थात् स्वस्थ मस्तिष्क से भी वंचित रह जाते हैं।

जिस महल की बुनियाद कमजोर होती है, वह अधिक दिनों तक खड़ा नहीं रह पाता। ठीक इसी प्रकार किशोरावस्था में जो लड़के-लड़कियां अपने को स्वस्थ रखते हैं, उनका आगे का जीवन भी बड़ा सुखमय हो जाता है। किंतु जो बुरी आदतों का शिकार होकर अपनी शक्ति को क्षीण कर बैठते हैं, वे कमजोर रह जाते हैं और भविष्य में सुखपूर्वक जीवन जीने में उन्हें काफी बाधाओं का सामना करना पड़ता है।

विद्वानों का मानना है कि 13-14 साल की अवस्था में किशोरावस्था के शुरू होते ही शरीर में जो जोश और तूफान उठ खड़ा होता है, उसे यदि नियंत्रण में रख लिया जाए, तो धीरे-धीरे 20-25 वर्ष की अवस्था आते-आते यह शुक्र पूरी तरह परिपक्व हो जाता है और फिर इसके पतन से शरीर पर उतना बुरा प्रभाव नहीं पड़ता। शुक्र के परिपक्व होने के कारण शरीर में शक्ति तो बनी

रहती ही है साथ ही व्यक्ति गृहस्थ आश्रम को भी बड़ी कुशलता और आनंद से भोगता है। सहज रूप से पकने पर जैसे फल का स्वाद स्वतः ही मधुर हो जाता है, उसी प्रकार परिपक्व अवस्था में इंद्रियों के विषयों का भोग करने पर पूरी संतुष्टि और मानसिक शांति प्राप्त होती है। इसलिए शरीर को सदैव स्वस्थ तथा नीरोग रखें और व्यर्थ की उत्तेजना से स्वयं को बचाएं।

शरीर के स्वास्थ्य का महत्त्व समझने के लिए आप जरा कल्पना कीजिए यदि आपकी स्वाद इंद्रिय अर्थात् जीभ निष्क्रिय हो जाए तो स्वादिष्ट फलों, मिठाइयों, मेवों और भांति-भांति के भोजन का क्या अर्थ रह जाएगा। यदि आंखों से दिखाई न दे, तो मनमोहक प्रकृति की रंग छंटा आपके लिए व्यर्थ ही है। यदि कानों से सुनाई न दें, तो मधुर गीतों और ध्वनियों को आप किस प्रकार सुनेंगे-समझेंगे। ठीक इसी प्रकार शरीर के अन्य वाह्य और आंतरिक अंग अपने निर्धारित कार्य को भली प्रकार करना बंद कर दें, तो आपका स्वस्थ रहना संभव नहीं। जीवन और जगत में जितने भी सुख हैं उनका आनंद हम इंद्रियों अर्थात् शरीर के अंगों द्वारा ही तो ले सकते हैं और उस आनंद को प्राप्त करके ही तो हमारा मन प्रसन्न होता है। यदि शरीर ही स्वस्थ नहीं है, तो आनंद का हमारे लिए क्या महत्त्व और आनंद विहीन जीवन कौन जीना चाहेगा। शरीर के आनंद की कमी को कोई वस्तु पूरा नहीं कर सकती। बड़े-बड़े पैसे वाले लोग हैं, जिन्हें अपनी संपत्ति का बड़ा अभिमान है, किंतु नाश्ते में यदि एक पापड़ भी खा लें, तो उसे पचाने के लिए तुरंत डॉक्टर की जरूरत पड़ती है। ऐसे लोगों को आपने खूब देखा होगा जो खाना पचाने तक के लिए दवाओं का इस्तेमाल करते हैं और शिकायत करते हैं, सुबह एक पूड़ी खा ली थी अभी तक कलेजे पर बोझ-सा लदा हुआ है। ऐसे लोगों से तो वे परिश्रमी किसान और मजदूर बहुत अच्छे हैं, जो कर्मक्षेत्र में अपना पसीना बहाते हैं और खाने का समय होते ही भरपूर भोजन करते हैं। उनके परिश्रम के आगे भोजन भी नतमस्तक हो उठता है। शरीर में भली प्रकार खून का दौरा होता है, सभी अंग बलशाली हैं और खूब कार्य करते हैं। उनके पास जीवन के संसाधन भले ही कम हों, मगर जितने संसाधन हैं उनका वे पूरी संतुष्टि और आनंद के साथ भरपूर उपयोग कर रहे हैं। उनके मुख पर प्रसन्नता और तेज स्वयं ही दमकते रहते हैं।

मन मस्तिष्क और शरीर का संबंध बहुत गहन है। शारीरिक स्वास्थ्य का हमारे मन और मस्तिष्क पर गहरा प्रभाव पड़ता है। कारण स्पष्ट है कि शरीर यदि बलिष्ठ है, तो हमारा पाचन तंत्र भली प्रकार कार्य करेगा। भोजन के भली प्रकार पचने से शरीर में भरपूर मात्रा में रक्त बनेगा। यह रक्त शरीर के विभिन्न

अंगों में पहुंचकर उनका भली प्रकार पोषण करेगा, तो वे अंग भी स्वस्थ एवं बलिष्ठ होते जाएंगे। मस्तिष्क को जब भरपूर मात्रा में रक्त पहुंचेगा, तो वह भी स्वस्थ बना रहेगा। दूसरी ओर शरीर के सभी अंगों के कुशलतापूर्वक कार्य करने की सूचना मस्तिष्क को मिलेगी, तो वह यूं भी शांति, सुख और आनंद का अनुभव करेगा। इस प्रकार स्वस्थ शरीर में मस्तिष्क पूरी शांति और पूरी शक्ति के साथ निर्णय लेगा। परिणामतः हम अपने उद्देश्य को प्राप्त करने में सहज ही सफल हो सकेंगे।

शरीर के क्रिया-कलापों का मन पर बहुत तीव्र प्रभाव होता है। आपने अकसर देखा होगा कि जब हम नए वस्त्र या कोई आभूषण पहनते हैं, हमारे शरीर को सजा-संवरा देखकर हमारा मन भी प्रसन्न होता है। ठीक इसी प्रकार जब हमारे शरीर के अंगों में शक्ति होती है, तो मन में भी भावना का उत्साह बना रहता है। किंतु यदि हमारा शरीर रोगी हो जाए, किसी अंग में दर्द हो, कहीं कोई चोट लग जाए, जख़्म हो जाए, फोड़ा-फुंसी निकल आए, तो मन भी खिन्न और विचलित हो उठता है।

अतः मन और मस्तिष्क को सक्रिय तथा शक्तिशाली बनाए रखने के लिए यह बहुत आवश्यक है कि पहले हमारा शरीर शक्तिशाली बना रहे। उसके लिए हमें ऐसे उपाय करने ही होंगे, जिनसे शरीर में स्फूर्ति, शक्ति और क्रियाशीलता बनी रहे। जिस व्यक्ति का शरीर शक्तिशाली है और मन उत्साह से भरा है तथा बुद्धि उचित निर्णय लेने में सक्षम है, उसके लिए दुनिया में कोई भी लक्ष्य पाना असंभव नहीं है। सफलताएं स्वयं आकर ऐसे व्यक्ति के चरण चूमती हैं और असफलताएं तथा रोग सदैव उनसे दूर भागते हैं। इसीलिए तो कहा गया है   एक तंदुरुस्ती हजार नियामत।

19

आत्मविस्तार ही सुख का आधार

- जिसकी प्रशंसा दूसरे लोग करें, यदि वह गुणहीन हो तो भी गुणी माना जाता है।

—महाभारत

- जिन मनुष्यों के मन में दूसरे के कल्याण का भाव रहता है, उनके लिए संसार में कुछ दुर्लभ नहीं होता।

—तुलसीदास

'आत्म' से हमारा संबंध यहां सीधे-सीधे व्यक्ति की उस चेतना से है, जो अपने-पराए का भेद करती है और इस भेद के आधार पर अपनों को एक घेरे में तथा परायों को दूसरे घेरे में रखती है। ये अपने-पराए व्यक्ति, वस्तु या विचार कुछ भी हो सकते हैं। जिन्हें हम अपना मानते हैं, उन्हें आयु, ज्ञान, बल और भौतिक समृद्धि के आधार पर सामान्यतः तीन श्रेणियों में बांट लेते हैं। एक अपने से बड़े, दूसरे अपने बराबर के दर्जे के और तीसरे अपने से छोटे। इसी भेद के आधार पर हम इन तीन दर्जों के व्यक्तियों के लिए अलग-अलग प्रकार के कर्तव्यों का निर्धारण करते हैं, जैसे कि बड़ों को सम्मान देना और उनसे प्रेम पाने की आशा रखना, बराबर वालों के साथ अपने सुख-दुःख बांटना और उनसे प्रेम का आदान-प्रदान तथा छोटों से सम्मान चाहना और उनकी आवश्यकताएं पूरी करने के लिए प्रयत्नशील रहना।

इन सभी स्थितियों में, जिन्हें हम अपना मानते हैं उनके प्रति दो धारणाएं हमारे मन में स्थाई रूप से रहती हैं, पहली उनसे हमें किसी प्रकार की असुरक्षा नहीं है बल्कि यदि कोई बाहरी असुरक्षा हमारे लिए पैदा होती है, तो वे हमारी सुरक्षा के लिए पूरा सहयोग देंगे और दूसरी सभी के प्रति हमारे मन में प्रेम है,

हम सभी के सुख की कामना करते हैं और यदि कभी कोई अपना हमें दुखी नजर आता है, तो उसका दुःख दूर करने के लिए पूरे मनोयोग से प्रयास करते हैं, अपने कर्तव्य का पालन करते हैं।

जिन्हें हम पराया समझते हैं, उनके प्रति हमारी ये धारणाएं बिलकुल विपरीत होती हैं। हम उन्हें अपनी सुरक्षा के लिए विश्वसनीय नहीं मानते और उनसे सजग रहने का प्रयास करते हैं, उनके प्रति हम अपना कोई कर्तव्य नहीं मानते यदि कभी किसी की मदद करते भी हैं, तो एक बोझ समझकर या दया का पात्र समझकर और अपने प्रेम के दायरे से उन्हें दूर रखना चाहते हैं।

यह अपने और पराए की धारणा व्यक्ति में जन्म से ही बननी शुरू हो जाती है। जैसे ही हमारा मस्तिष्क सक्रिय होता है, हमारी इंद्रियां कार्य करने लगती हैं। हमारा मन अपने-पराए का भेद करना शुरू कर देता है और हमारी बुद्धि कौन अपना है और कौन पराया, इसका निर्णय लेना शुरू कर देती है। हमारे ये निर्णय जब दूसरों के आचरण से प्रामाणित हो जाते हैं, वे स्थायी निर्णय के रूप में मस्तिष्क में सुरक्षित हो जाते हैं। इन स्थायी निर्णयों को ही हम धारणा कहते हैं। अर्थात् जो कुछ हमने अपने मन और मस्तिष्क में स्थायी रूप से धारण कर लिया है वही निर्णय हमारी धारणाएं हैं। धारणाओं का यह घेरा ही हमारा 'आत्म' है।

आपने छोटे-से बच्चे को देखा होगा, जन्म के कुछ दिनों बाद ही जब उसकी इंद्रियां अपना कार्य करना शुरू कर देती हैं और मन इंद्रियों के इन कार्यों का नियंत्रण करना तथा बुद्धि के आधार पर निर्णय लेना शुरू कर देता है, तो वह बच्चा व्यक्तियों की पहचान शुरू कर देता है। उसे भूख लगती है। वह अपनी भूख को कोई अर्थ नहीं दे पाता। हां, एक सामान्य शारीरिक क्रिया की तरह भूख लगते ही शरीर में परिवर्तन होते हैं। शरीर आवश्यक पदार्थ पाने की इच्छा में दुखी होता है और दुःख की यह संवेदना पाते ही बच्चा रोने लगता है। वह उस दुःख से मुक्ति पाना चाहता है। बच्चे को रोता देखकर मां पास आती है, बच्चे को दूध पिलाती है, बच्चे का दुःख समाप्त हो जाता है। वह उस नारी के उस व्यवहार को अर्थ देता है जिसकी वजह से उसका दुःख शांत हुआ है। धीरे-धीरे बच्चा उस नारी को पहचान लेता है और यह निर्णय कर लेता है कि इस नारी की वजह से उसे दुःख से मुक्ति मिलती है। यही उसकी प्राथमिक धारणा है उस नारी को अपना मानने के बारे में। बड़ा होने के बाद दूसरों के सिखाने पर वह बच्चा उस नारी को एक संबोधन देने लगता है, जो मां कहा जाता है। बच्चे की यह पहली धारणा ही उसके आत्म की उस समय की सीमा होती है। आत्मविकास की इस अवस्था को 'उस समय की' सीमा इसलिए कहा गया है, क्योंकि बच्चे

के आत्म का विकास तो उसी समय प्रारंभ हो चुका होता है, जब गर्भावस्था में था। गर्भ में शिशु पर किए गए प्रयोगों से भी यह स्पष्ट हो चुका है कि अच्छे संगीत, अच्छे वार्त्तालाप, अच्छे विचारों तथा मां के हृदय की धड़कन आदि को बच्चा गर्भ में ही पहचानने लगता है और उनके प्रति अपनी प्रतिक्रिया भी व्यक्त करने लगता है। ठीक यही बात तनाव आदि के संबंध में होती है, जिसके प्रति शिशु दुखद प्रतिक्रिया व्यक्त करता है। इन सुखद या दुखद अनुभूतियों का बच्चों के मानसिक और शारीरिक प्रभाव पर बहुत प्रभाव पड़ता है। यदि यह संगीत या ध्वनि बच्चे को जन्म के बाद सुनाई जाए, जो उसे गर्भ में अच्छी लगती थी, तो रोता बच्चा शांत हो जाता है। यही कारण है कि रोते बच्चे को मां जब सीने से लगा लेती है, तो उसके हृदय की ध्वनि को पहचानकर बच्चे को अपनेपन और पूर्ण सुरक्षा का बोध हो जाता है और वह मां के सीने से लगकर शांत हो जाता है। वह मां की गोद में जाने को लालायित रहता है और यदि मां की गोद में है, तो वहां से किसी दूसरे के पास जाने की उपेक्षा करता है। बलपूर्वक मां की गोद से दूर किए जाने पर विरोध करता है, रोने लगता है।

धीरे-धीरे बच्चा उन व्यक्तियों तथा वस्तुओं को पहचानने लगता है, जो उसे सुखद, आकर्षक तथा सुरक्षित लगती हैं। वह मुस्करा कर प्यार करने वाले व्यक्तियों, खाने की वस्तु देने वाले लोगों तथा आकर्षक वस्तुओं के प्रति अपनापन प्रकट करने लगता है। इस प्रकार बच्चे के आत्म का विकास होता है और अब उसमें माता के अलावा परिवार के लोग भी धीरे-धीरे शामिल होने लगते हैं। बच्चा परिचितों के पास आने-जाने लगता है। इस प्रकार बच्चे का आत्म विकसित होता है और उसकी सीमा परिवार तक फैल जाती है।

आपने देखा होगा कि अपने आत्मीय जनों के प्रति बच्चे का लगाव इतना बढ़ जाता है कि अब वह उनके सुख में सुखी और दुःख में दुखी भी होने लगता है। यदि माता या अन्य प्रियजनों को कोई अन्य व्यक्ति झूठे ही डांटे या मारने को हाथ उठा ले, तो बच्चा स्वयं रोकर उसका प्रतिवाद करने लगता है।

कुछ और बड़ा होने पर बच्चा घर से बाहर निकलना प्रारंभ कर देता है और संगी साथियों के साथ खेलता है। ऐसी स्थिति में कुछ बच्चों को वह अपना मित्र बना लेता है और कुछ को पराया मानकर उनसे दूर रहने लगता है। मित्रों के साथ खेलने, खाने-पीने या रहने में उसे सुख का अनुभव होता है तथा जिन्हें वह पराया समझता है, उनसे दूर ही रहना चाहता है। इस प्रकार बच्चे के आत्म का घेरा फैलकर अब परिवार से बाहर के लोगों अर्थात् मित्रों और उनके संबंधियों तक विस्तृत हो जाता है।

ठीक इसी प्रकार बच्चे के आत्म का विस्तार होते-होते परिवार से मोहल्ले, मोहल्ले से गांव-कसबा या शहर, शहर से राज्य, राज्य से देश और देश से समूचे संसार तक की यात्रा करता है। धीरे-धीरे पूरा विश्व ही उसके आत्म का विषय बन जाता है।

आपने यह भली प्रकार देखा होगा कि अपने लिए हम परिवार से, परिवार के लिए मोहल्ले से, मोहल्ले के लिए शहर से, शहर के लिए दूसरे शहर से और अपने देश के लिए दूसरे देश से मुकाबले के लिए सदैव तत्पर रहते हैं।

यदि हमारे मोहल्ले के लड़के को कोई दूसरे मोहल्ले का लड़का नुकसान पहुंचाता है, तो हम उसका प्रतिरोध करते हैं। ठीक वैसे ही जैसे हमारे देश को कोई दूसरा देश नुकसान पहुंचाता है, तो हम राष्ट्रहित के लिए उससे मुकाबला और आत्म बलिदान करने तक के लिए तैयार हो जाते हैं। ठीक इसी प्रकार जब हम अपने शहर या राज्य से दूसरे शहर या राज्य में चले जाते हैं, तो हमें अपने शहर या राज्य का व्यक्ति अन्य व्यक्तियों के मुकाबले अधिक अपना लगता है और हम उससे तुरंत मित्रता करने को उत्सुक रहते हैं। ऐसे ही यदि हम विदेश में होते हैं, तो वहां राज्य की सीमाएं भी समाप्त हो जाती हैं और देश के नाम से ही हम व्यक्ति को अपना, पराया समझने लगते हैं। यदि आप अमेरिका में हैं और आपको कोई भारतीय व्यक्ति मिल जाता है, तो बिना यह सोचे कि हम उत्तर प्रदेश के हैं और वह मध्य प्रदेश, राजस्थान, गुजरात या हिमाचल का है, सिर्फ भारतीय होने के नाते हमारा अपनापन उसके प्रति जाग्रत हो जाएगा और हम उसके प्रति अपेक्षाकृत विदेशियों के अधिक अपनत्व का भाव रखने लगेंगे। इस प्रकार हमारे आत्म का विस्तार नित नए आयाम लेता है।

समूचे विश्व को अपने आत्म में 'सम्मिलित' करना हर किसी के वश की बात नहीं है। ऐसा तो मात्र 'कुछ' ही व्यक्तित्व कर पाते हैं और जो इस सीमा तक अपने आत्म का विस्तार कर लेते हैं, वे 'परम ज्ञानी महापुरुष' हो जाते हैं। भारतीय जीवन दर्शन इसी स्थिति में संपूर्ण वसुधा अर्थात् पृथ्वी को अपना परिवार मानता है। इसीलिए हमारे यहां 'वसुधैव कुटुंबकम्' की धारणा प्रचलित है अर्थात् समूची वसुधा (पृथ्वी) ही हमारा कुटुंब (परिवार) है। विश्व के समस्त प्राणियों को अपने परिवार के सदस्यों के समान ही प्रेम करो। यही भारतीय जीवन दर्शन का चरम लक्ष्य है।

इसी लक्ष्य को धार्मिकों एवं विचारकों ने अपना उद्देश्य बनाया। गोस्वामी तुलसीदास जी ने तो

हरि व्यापक सर्वत्र समाना।
प्रेम ते प्रकट होहिं मैं जाना।।

कहकर संपूर्ण चराचर जगत को एक ही 'परमपिता' की सत्ता स्वीकार किया है और अन्य विचारकों ने

"सबै भूमि गोपाल की" कहकर संपूर्ण धरती को प्रभु श्रीकृष्ण की भूमि मानकर सभी के साथ सहृदयता, प्रेम और अपनेपन की भावना रखने पर बल दिया है।

अपने-अपने आत्म के अनुरूप ही व्यक्ति जगत में व्यवहार करता है। कुछ अति स्वार्थी लोग केवल अपने लिए ही जीते हैं और सोचते हैं कि घर में सबसे ज्यादा खुशहाल मैं ही हूं। कुछ दूसरे लोग अपने परिवार को ही खुशहाल देखना चाहते हैं। थोड़े अधिक आत्म विस्तार वाले लोग शहर और राज्य की खुशहाली की बात करते हैं और उनसे अधिक विस्तृत आत्म वाले लोग देश की खुशहाली के लिए सीमा पर बलिदान देने के लिए शीत-ताप की चिंता छोड़, हर समय हाथ में बंदूक थामे सीमा पर चौकसी में जुटे रहते हैं। देश पर कुर्बान होने वाले अनगिनत स्वतंत्रता सेनानियों का आत्म अपने देश की सुरक्षा और प्रेम की सीमा तक विस्तृत था, तभी तो वे देश की स्वतंत्रता के लिए हंसते-हंसते आत्म बलिदान कर गए। मानव मात्र ही क्या सृष्टि के जीव मात्र से प्रेम करने वाले तो फिर विरले ही होते हैं और जो होते हैं, वे गौतम बुद्ध, महावीर स्वामी, मोहम्मद साहब, गुरु नानक आदि जैसे संत पुरुष होते हैं।

प्रश्न यह है कि आत्म का यह विस्तार सुख का आधार किस प्रकार बनता है। आइए, आत्म विस्तार की प्राथमिक अवस्था से ही इस तथ्य पर विचार करें।

बच्चा जब माता को अपना हितैषी मानने लगता है, तो उसके आंचल में उसे पूर्ण सुरक्षा और आत्मसंतोष की अनुभूति होती है। सुरक्षा और सुख की यह भावना बच्चे के मन में प्रसन्नता और आत्मविश्वास पैदा करती है, जो उसके बहुमुखी विकास में सहायक होते हैं। यही बच्चा यदि बलपूर्वक मां से छीनकर किसी दूसरे की गोद में डाल दिया जाए, तो विरोध स्वरूप वह दुखी और तनावग्रस्त हो जाता है। रोने, चीखने लगता है। निरंतर अपने आपको असुरक्षित महसूस करने लगता है। दुःख, असुरक्षा, तनाव और विरोध ऐसे कारक हैं, जो व्यक्ति के मन में नकारात्मक भाव जगाते हैं और ये नकारात्मक भाव बच्चे के शरीर और मन के विकास को कुंठित कर देते हैं। असुरक्षा के वातावरण में पले-बढ़े बच्चे तरह-तरह की मानसिक विकृतियों का शिकार हो जाते हैं और उनके शरीर में अनेक प्रकार के रोग लग जाते हैं। जो उनका भली प्रकार विकास नहीं होने

देते। इस प्रकार के बच्चे स्वयं अपना नुकसान तो करते ही हैं, समाज के लिए भी घातक सिद्ध होते हैं। नकारात्मक भाव और पराएपन की भावना उन्हें बड़े होने पर अपराधी भी बना सकती है। कोई भी अपराधी दूसरे व्यक्ति को तब तक नुकसान नहीं पहुंचा सकता, जब तक कि वह यह तय न कर ले कि वह पराए व्यक्ति को नुकसान पहुंचा रहा है। कोई व्यक्ति अपना समझकर किसी की हत्या नहीं करता और न ही कोई चोर अपना समझकर किसी के घर में चोरी या लूट ही करता है। ऐसे समाज विरोधी कार्य तभी किए जाते हैं, जब हम यह तय कर लेते हैं कि हम जिसका नुकसान कर रहे हैं, वह हमारा तो बिलकुल है ही नहीं।

इस प्रकार पराएपन की भावना व्यक्ति को अपराध की दुनिया में ढकेल कर समाज विरोधी बना देती है। इससे व्यक्ति दूसरों का नुकसान तो करता ही है, किंतु दूसरों को चोट पहुंचाने के पहले उसे अपने आप से बहुत जूझना पड़ता है, तनाव झेलना पड़ता है, अंतर्द्वंद्व के नुकसानदेह रास्तों से गुजरना पड़ता है, और इस तनावपूर्ण जीवन में सबसे अधिक नुकसान अपराधी को उठाना होता है। क्योंकि दूसरों को तनाव देने के लिए उसे स्वयं गंभीर तनावों से गुजरना पड़ता है, जो निश्चित ही उसके व्यक्तित्व के निर्माण और विकास पर बहुत बुरा प्रभाव डालते हैं।

इसके विपरीत जिन व्यक्तियों को हम अपने आत्म में शामिल कर लेते हैं, उनकी खुशी के लिए सब कुछ करने और हर दुःख सहन करने के लिए सदैव तत्पर रहते हैं। एक मां अपने बच्चे के लालन-पालन में अपनी संपूर्ण ममता उंड़ेल देती है। बच्चे को कब भूख लगेगी, वह कब और क्या खाना पसन्द करेगा आदि का जितना ध्यान माता को होता है, उतना बच्चे को भी नहीं होता। बच्चा यदि बिस्तर गीला कर देता है, तो माता गीले बिस्तर पर स्वयं लेटती है और बच्चे को अपने सीने पर सुलाती है। इस कार्य में माता को कितना सुख और संतोष मिलता है, यह माता का हृदय ही जानता है। एक पिता अपने परिवार के लालन-पालन के लिए रात-दिन हाड़तोड़ मेहनत करता है। दुःख झेलता है और अपने खून-पसीने की कमाई को बच्चे के विकास में लगाकर बेहद खुशी का अनुभव करता है। यह माता और पिता का आत्मविस्तार ही तो है, जो दूसरे जीव अर्थात् बच्चे को सुख पहुंचाकर स्वयं सुखी होता है तथा अपने सारे दुःख भूल जाता है।

एक बच्चे को सुखी रखने में माता-पिता को एक बच्चे के सुख से सुख मिलता है और एक परिवार को संतुष्ट करके, उन्हें कई व्यक्तियों को सुख पहुंचाने का सुख मिलता है।

इसी प्रकार आत्म का विस्तार करके व्यक्ति जब एक समाज, एक राज्य एक राष्ट्र और उसके भी ऊपर समूचे पृथ्वी के वासियों के कल्याण की कामना करता है. उसके लिए समर्पित भाव से कार्य करता है, तो उसे अधिक लोगों को सुख पहुंचाकर अधिक सुखी होने का अवसर प्राप्त होता है।

जितने अधिक व्यक्तियों को व्यक्ति सुख पहुंचा रहा है, उन सबके प्रति अपनेपन की भावना और उन सब की सुरक्षा की भावना व्यक्ति के हृदय को बहुत विशाल बनाती है। उसका हृदय जितना विशाल होता जाता है अर्थात् वह जितने अधिक-से-अधिक लोगों को सुख पहुंचाता जाता है, उसका अपना सुख भी उसी अनुपात में बढ़ता जाता है। यही कारण है कि एक परिवार के मुखिया से लोक कल्याण की कामना में रत एक संत पुरुष का मन अधिक शांत, अधिक सुरक्षित और अधिक सुख का अनुभव करता है। इसीलिए तो कहा जाता है कि जितना अधिक आत्मविस्तार होता जाएगा, व्यक्ति के सुख का आधार उतना ही अधिक बढ़ता जाएगा।

निष्कर्ष रूप में हम कह सकते हैं कि जिस व्यक्ति का आत्म जितना विस्तृत और लोकोपकारी होगा. वह व्यक्ति उतना ही अधिक सुखी और शांत रहेगा। अतः यह बात स्पष्ट रूप से कही जा सकती है कि आत्म विस्तार ही व्यक्ति के सुख का आधार है।

20

आत्मसम्मान ही सम्मानित जीवन

- *आत्मसम्मान की रक्षा करना हमारा सबसे पहला धर्म है।*

—प्रेमचंद

- *बिना अपनी स्वीकृति के कोई मनुष्य अपना आत्मसम्मान नहीं गंवाता।*

—महात्मा गांधी

- *पाप, अनीति और अत्याचार के सम्मुख सिर झुकाना अपनी आत्मा का अपमान और हनन करना है।*

—अज्ञात

- *सुख-भोग की लालसा आत्मसम्मान का सर्वनाश कर देती है।*

—प्रेमचंद

मनुष्य के जीवन में आत्मसम्मान की बड़ी महत्त्वपूर्ण भूमिका है। मनुष्य एक सामाजिक प्राणी है। वह समाज में सम्मान और प्रतिष्ठा का जीवन जीना चाहता है। आत्मसम्मान की यह कामना मानव मन की मूलभूत कामनाओं में से एक है। विद्वानों ने 'यशेष्णा' या 'यश प्राप्ति की कामना' कह कर इसका महत्त्व सिद्ध किया है। यश की यह कामना मनुष्य में जन्मजात होती है और छोटे-छोटे बच्चों में भी इसे भली प्रकार देखा जा सकता है। मनुष्य ही क्या "हित-अनहित पशु पच्छिहु जानें"कहकर महाकवि तुलसीदास ने आत्मसम्मान की इस कामना को सार्वभौमिक कह दिया है। रोजमर्रा की जिंदगी में हम देख भी सकते हैं। अपने आस-पास रहते पालतू और गैर पालतू पशुओं को यदि हम प्यार और सम्मान से बुलाते हैं, तो वे दौड़े चले आते हैं और यदि उन्हें दुत्कारते, फटकारते हैं या नफरत और क्रोध से देखते हैं, तो दूर भाग जाते हैं।

मानव मनोविज्ञान में आत्मसम्मान का महत्त्व इसलिए भी अधिक है कि आत्मसम्मान-से भरा मनुष्य निश्चिंत और पूरी शक्ति से कार्य करने वाला होता है, इसलिए वह अपने कार्यों को पूरी कुशलता से पूर्ण करता है और उनका सुखद परिणाम भी प्राप्त करता है। इसके विपरीत आत्महीनता या दीनता से ग्रस्त मनुष्य सदैव दूसरों की कृपा और दया पर निर्भर होता है। अपने कार्यों के बारे में वह न तो ठोस निर्णय ले पाता है और न निश्चिंत होकर उन कार्यों को कर ही पाता है। फिर भले ही वह आजीवन परिश्रम करता रहे, उसे कभी भी उचित और इच्छित परिणाम नहीं मिल पाते। वह सदैव कोल्हू के बैल जैसा जीवन जीता है।

आत्महीनता के इन्हीं मनोवैज्ञानिक दुष्प्रभावों को देखते हुए हमारे कवियों और मनीषियों ने जनता को सदैव सम्मानपूर्ण जीवन जीने का संदेश दिया है। रहीम ने तो यहां तक कह दिया कि असम्मान के साथ यदि कोई आपको अमृत भी पिलाता है, तो उसे कभी स्वीकार मत करो। ऐसे अमृत की बजाय सम्मान सहित विष पी लेना ज्यादा श्रेयस्कर है, क्योंकि सम्मान के साथ पिया गया विष भी व्यक्ति को अमर बना देता है, जबकि असम्मान के साथ अमृत पी लेने वाला व्यक्ति भले ही शरीर से अमर हो जाए, किंतु समाज सदैव उसको घृणा की दृष्टि से ही देखता है। घृणा, असम्मान और कायरतापूर्ण लंबे जीवन से तो साहसी बनकर एक दिन का जीवन ज्यादा अच्छा है

मान सहित विष खाय के संभु भये जगदीश।
बिना मान अमृत पियो राहु कटायौ शीश।।

सम्मान के साथ विष पी लेने पर भगवान शंकर जगत के स्वामी कहलाए, जबकि चोरों की भांति छिपकर अमृत पी लेने पर राहु को घृणा का पात्र बनना पड़ा, अपना सिर कटाना पड़ा। माना कि वह अमर हो गया, लेकिन आज तक उसकी गणना राक्षस के रूप में ही होती है। लोग उसे घृणा की दृष्टि से ही देखते हैं।

यह एक निर्विवाद तथ्य है कि सम्मान के साथ जीवन जीवने के लिए व्यक्ति को आर्थिक दृष्टि से आत्मनिर्भर होना चाहिए। सम्मानित जीवन जीने के लिए दीनता और हीनता को पास नहीं फटकने देना चाहिए। दीनता और हीनता व्यक्ति को दूसरे की कृपा पर जीने के लिए मजबूर करती है। बिना उचित मूल्य चुकाए दूसरे की कृपा प्राप्त करना भीख की श्रेणी में आता है और भीख कभी किसी भी हालत में स्वीकार नहीं करनी चाहिए। भीख स्वीकार करने का अर्थ है जीते-जी मौत को स्वीकार कर लेना और मरे हुए आदमी का दुनिया में क्या कार्य। इसीलिए कबीर ने लिखा कि भीख मांग कर जीते जी मर जाने की अपेक्षा तो वास्तविक मौत को स्वीकार कर लेना अच्छा है

मांगन मरन समान है, मत कोई मांगो भीख।
मांगे ते मरबो भलौ, यह सतगुरु की सीख।।

इतिहास गवाह है कि महाराणा प्रताप ने इसी सम्मान के लिए वन में रहना स्वीकार किया, लेकिन औरंगजेब के सामने सिर नहीं झुकाया। महाराज हरिश्चन्द ने श्मशान में एक डोम के यहां नौकरी की, लेकिन सत्य के सम्मान की रक्षा के विरुद्ध आत्मसमर्पण नहीं किया। सरदार भगत सिंह, राजगुरु, सुखदेव, अश्फ ाक उल्ला खां, रामप्रसाद बिस्मिल्ल और जाने कितने आजादी के दीवानों ने हंसते-हंसते मौत को गले से लगा लिया, लेकिन अंग्रेज सरकार के सामने घुटने नहीं टेके, सम्मान को गिरवी नहीं रखा। नेताजी सुभाष चंद्र बोस गुमनामी के अंधेरे में खो गए, लेकिन जब तक सामने रहे, शेर की तरह दहाड़ते रहे। आज भी इन वीर सपूतों को इनके आत्मसम्मान के लिए ही याद किया जाता है। इनका शरीर मिट गया लेकिन नाम अमर हो गया। इनकी यह अमरता हमारे जीवन को प्रेरणा देने के लिए आज पूरे देश को बलिदान की महक से सुगंधित किए हुए हैं।

यदि चाहते तो ये अमर सपूत भी अपने विरोधियों द्वारा दिए जाने वाले प्रलोभनों को स्वीकार करके वैभवपूर्ण जीवन जी सकते थे, किंतु नहीं। इन्होंने ऐसा नहीं किया। आत्मसम्मान के साथ भौतिक सुख-सुविधाओं वाले तथाकथित सुखी जीवन को ठोकर मारकर इन्होंने सम्मान के साथ मृत्यु को अपनाना श्रेष्ठ समझा। ये वीर भली प्रकार जानते थे कि असम्मान पूर्ण जीवन, जीवन नहीं, चलती-फिरती लाश है और ऐसे जीवन के लिए यह संसार श्मशान की तरह है। ये भली प्रकार जानते थे कि सम्मान मोती की चमक है। जीवन रूपी आटे के लिए पानी की तरह महत्त्वपूर्ण है। मोती का पानी उतर जाए, तो उसकी कीमत समाप्त हो जाती है। रोटी बनाने के लिए गूंधे हुए आटे का अगर पानी सुखा दिया जाए, तो सूखा हुआ आटा व्यर्थ है, उसको दुबारा गूंधकर रोटी नहीं बनाई जा सकती। ठीक इसी प्रकार यदि एक बार व्यक्ति का आत्मसम्मान खो जाए, तो उसे दुबारा नहीं लौटाया जा सकता और आत्मसम्मान से हीन व्यक्ति फिर व्यक्ति ही कहां ? उसके जीवन का मूल्य ही कहां ? वह तो पानी उतरे हुए मोती और एक बार सूख चुके आटे की तरह व्यर्थ है, बेकार है। इसीलिए रहीम ने शिक्षा दी कि व्यक्ति को कभी भी अपना पानी (इज्जत, सम्मान) नष्ट नहीं होने देना चाहिए। यदि एक बार सम्मान नष्ट हो गया, तो मनुष्य पानी उतरे हुए बिना चमक वाले मोती और पानी सूख जाने पर व्यर्थ हो गए आटे की तरह व्यर्थ हो जाता है। मूल्यहीन हो जाता है

रहिमन पानी राखिए, बिन पानी सब सून।
पानी गये न ऊबरे मोती मानस चून।।

19

सफल जीवन जीने के टिप्स

1. हर सफलता, हर सुख अपनी कीमत चाहता है। बिना कीमत चुकाए प्राप्त हुई सफलता चोरी के धन की तरह फलती नहीं है।
2. आत्मनिरीक्षण करें, अपनी रुचियों और क्षमताओं को पहचानें।
3. अपनी रुचि एवं क्षमता के अनुकूल लक्ष्य का निर्धारण करें।
4. लक्ष्य को पाने के लिए किस प्रकार कार्य करना है, उसकी स्पष्ट रूपरेखा एवं कार्य सारणी बनाएं।
5. पूरे परिश्रम और लगन से लक्ष्य की प्राप्ति हेतु जुट जाएं।
6. किसी दूसरे के कहने पर लक्ष्य न बदलें।
7. मार्ग में आने वाली बाधाओं से निराश न हों, घबराए नहीं।
8. बाधाओं पर विवेकपूर्ण विचार करें और उन्हें साहस तथा युक्ति से सुलझाएं।
9. भय को पास न फटकने दें।
10. चिंता और तनाव से सदैव बचें। यह किसी समस्या का समाधान नहीं, अपितु स्वयं समस्या पैदा करने वाले कारक हैं।
11. चिंता, तनाव, भ्रम आदि मानसिक और शारीरिक रोगों के जनक हैं।
12. अपने अनुभवों और महापुरुषों के जीवन-चरित्रों से शिक्षा लें।
13. ईर्ष्या से बचें, मगर प्रतिस्पर्धा की भावना अवश्य रखें।
14. आशा और विश्वास व्यक्ति की सबसे बड़ी पूंजी है।
15. साहस आपका सबसे बड़ा हथियार है। साहस के होने पर किसी अस्त्र की आवश्यकता नहीं।
16. मन को सदैव उत्साह और उमंग से भरे रहें।
17. संयमित दिनचर्या अपनाएं। समय पर भोजन, शयन और व्यायाम अवश्य करें।
18. अच्छा स्वास्थ्य आपका सबसे बड़ा धन है।
19. शरीर और मन को रोगी होने से बचाएं।

20. अच्छे मित्रों की संगत में रहें।
21. बुरी आदतों और दुर्व्यसनों से बचें।
22. नियमित अध्ययन अवश्य करें।
23. समय-समय पर आत्म निरीक्षण और अपने कार्यों का मूल्यांकन करते रहें।
24. विनम्रता, व्यवहार कुशलता और परिश्रम सुख और सफलता के आधार हैं।
25. हर मूल्य पर अपना सम्मान सुरक्षित रखें।
26. दूसरों से वही व्यवहार करें जिसकी आप उनसे अपने लिए अपेक्षा रखते हैं।
27. परिवार में खासकर बच्चों में सद्गुणों का विकास करें।
28. प्रेम पाने का एक ही रास्ता है दूसरों से प्रेम करें।
29. सच्ची सफलता दूसरों को पराजित करने में नहीं, उन्हें जीतने में है।
30. धन और वैभव आपकी कार्यकुशलता के परिचायक हो सकते हैं, सुखी होने का प्रमाण नहीं।
31. परमात्मा सर्वशक्तिमान् है और वह सदैव आपके साथ है, ऐसा विश्वास आपको निर्भय रहने और अच्छे कार्य करने को प्रोत्साहित करता है। यही दो बातें सुख और सफलता के मूल मंत्र हैं।

www.ingramcontent.com/pod-product-compliance
Lightning Source LLC
Chambersburg PA
CBHW072158160426
43197CB00012B/2442
* 9 7 8 9 3 8 1 4 4 8 6 8 7 *